Ursula Schulz-Dornburg
Martin Zimmermann

DIE TEILUNG DER WELT

Wagenbach

Ursula Schulz-Dornburg / Martin Zimmermann

DIE TEILUNG DER WELT

Zeugnisse der Kolonialgeschichte

Verlag Klaus Wagenbach Berlin

Inhalt

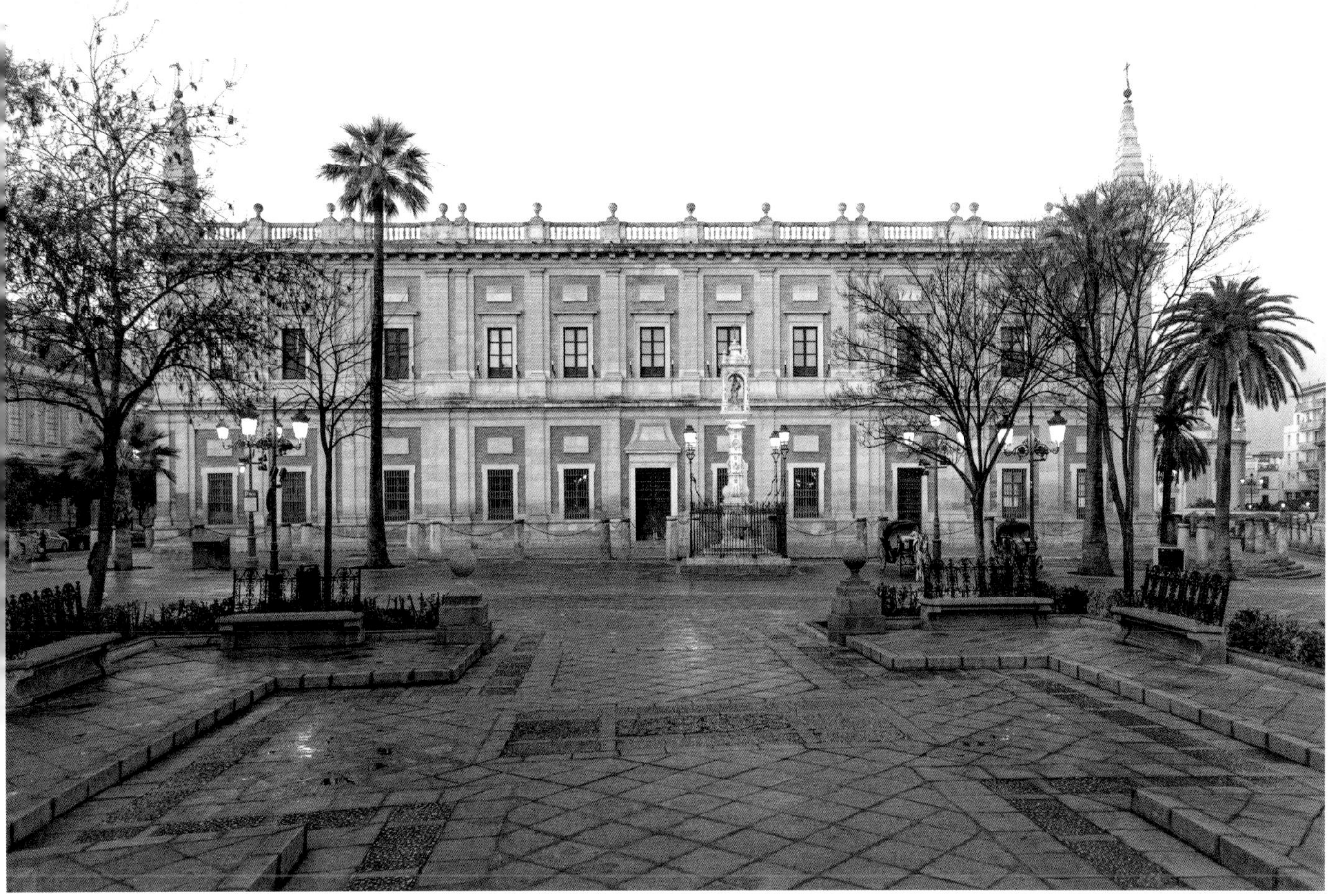

Prolog – Gesammelte Zeiten

»Nur um halb fünf Uhr morgens ist das Licht überhaupt brauchbar!« Mit diesen Worten setzte sich vor einigen Jahren Ursula Schulz-Dornburg in einem Hotel in Jordanien beim Frühstück an meinen Tisch. Sie war zuvor drei Stunden durch die kargen Berge am Rande der berühmten Schlucht des antiken Petra gestreift. Vor Morgengrauen hatte sie sich einem ihr völlig unbekannten jungen arabischen Führer anvertraut, um das frühe Licht zum Fotografieren zu nutzen, während ich mit dem Rest einer kleinen Reisegruppe ausschlief. Ich selbst sollte an diesem Tag als Althistoriker durch die Felsgräber und die antike Siedlung führen. Mit einem gewissen Neid hörte ich ihren Erzählungen von ockerfarbenen Bergpanoramen und dem frühen Licht in der Wüste zu. Und fasziniert war ich davon, mit welchem Mut sie sich nachts auf den ungewissen Weg gemacht hatte und was sie von dem jungen Führer und seinem harten Leben als Hirte nach diesem kurzen Ausflug alles zu erzählen wusste.

Ich kannte die Fotografin zu diesem Zeitpunkt erst flüchtig, aber diese kleine Episode verriet (wie ich später genauer lernen sollte) eine Menge über die Courage, mit der sie sich viele Jahrzehnte mit ihrer Fotoausrüstung durch unwirtliche Gegenden der Welt bewegte, und über die Zugewandtheit und das offene Interesse, mit dem sie den Menschen überall begegnete.[1]

Den persönlichen Ausgangspunkt für dieses gemeinsame Buch kann man demnach einer literarischen Gepflogenheit folgend »unverhoffte Begegnung« nennen. Eine solche zufällige, zunächst flüchtige Begegnung kann im Rückblick in ihren Nachwirkungen als *kairos*, als – wie die antiken Griechen es verstanden – einmalig günstiger, aber deshalb folgenreicher

Moment der Wirklichkeit bezeichnet werden. Oft knüpften sich unsere Gespräche, die wir seitdem führen, an unsere Reisen in den Osten des Mittelmeerraums, die wir in den letzten Jahrzehnten unabhängig voneinander unternommen hatten. Uns verbindet ein in der jeweiligen Biografie begründetes und doch gemeinsames ausgeprägtes Interesse an den schriftlichen wie materiellen Spuren, die Menschen auf der Welt hinterlassen haben. Wir beide nahmen bei unseren Erkundungen als Fotografin und als Historiker je nach Profession unterschiedliche Zeugnisse wahr, die in den Landschaften des Nahen und Mittleren Ostens über viele Jahrhunderte, ja über Jahrtausende zurückgeblieben sind. Hierzu gehörte neben den archäologischen Überresten der mesopotamischen wie antiken Stadtkulturen und den Zerstörungen der jüngeren Kriege beispielsweise auch die Teilung des Nahen Ostens im Jahr 1915 durch Mark Sykes und François Georges-Picot. An diese erinnerte Ursula Schulz-Dornburg im Jahr 2018 in einer umfangreichen, im Frankfurter Städel gezeigten Werkschau ihrer Serien *(The Land in Between)*, von denen einige Orte im Nahen Osten zeigen. Die beiden Diplomaten hatten auf einer alten Landkarte mit Stiften jene Grenze markiert, welche die britische und die französische Einflusssphäre voneinander trennte – eine rasch gezogene Linie, die in der Konsequenz bis heute die politischen Verwerfungen im Nahen Osten prägt. Angesichts dieser in ihrer Hemdsärmeligkeit anmaßend wirkenden Geste zweier Kolonialherren erinnerte Ursula Schulz-Dornburg an den 1494 geschlossenen Vertrag von Tordesillas, mit dem die Könige von Spanien und Portugal einst die Welt unter sich aufteilten. Höchst erstaunt, aber letztlich illusionsfrei tauschten wir uns darüber aus, mit welcher Hybris Menschen in der Geschichte immer wieder versucht haben, den Lauf der Welt zu kontrollieren und zu beeinflussen. Und wir sprachen – mäandernd auch durch die Zeitgeschichte – über jene Arroganz, mit der sie die für andere Zeitgenossen existentiell dramatischen Folgen ihres Handelns zu rechtfertigen oder zu ignorieren versuchten.

Ihr persönliches Interesse an dieser spektakulären und nahezu sprichwörtlich gewordenen historischen Teilung der Welt im Jahr 1494 geht auf eine Reise zurück, die sie 2001 nach Oaxaca de Juárez in Mexiko unternahm, als dort Fotoserien von ihr ausgestellt wurden. Ihren Aufenthalt nutzte sie, um das Museo de las Culturas de Oaxaca im ehemaligen Kloster Santo Domingo de Guzmán zu besichtigen. Dieses initiierte und unterstützte maßgeblich der 2019 verstorbene Künstler Francisco Toledo, dem als Mitglied der Initiative Pro-OAX und Nachfahre der präkolumbianischen Bewohner am kulturellen Erbe Oaxacas gelegen war. Es ging ihm zum einen um die Erinnerung an die indianische Kultur der Zapoteken, denen er sich zurechnete und welche die Mehrheit der Bewohner im Bundesstaat Oaxaca stellten, und zum anderen um die spanischen und katholischen Einflüsse auf die alte indigene Kultur. Zu den Sammel- und Ausstellungsstücken im Museum gehört neben präkolumbianischen Artefakten auch Archivmaterial aus der spanischen Kolonialzeit. Jene Bewohner Oaxacas, die ihre Identität über ihre Abstammung von zapotekischen Vorfahren definierten, hatten es im Zentrum der Kulturen mittlerweile selbst in der Hand, die Dokumente zu hüten, museal an die spanische Eroberung zu erinnern und ihre Folgen zu bewerten. Der Besitz der alten Schriftstücke gewährte den heutigen Nachfahren der indigenen Völker historische Deutungshoheit. Die alten, von den Konquistadoren und ihren Handlangern verfassten Dokumente konnten als Zeugnisse einstiger Ausbeutung und Unterdrückung ausgestellt werden. Eine solche Präsentation war ein höchst symbolischer Akt der Befreiung. Die Dokumente, mit denen die Spanier einst ihre Macht schriftlich manifestierten, lagen nun in Händen der Nachfahren der Unterworfenen. Es ist bezeichnend, dass man den Kolonialismus nicht abzuschütteln versuchte, indem man die Schriftstücke als Instrumente der spanischen Herrschaft ostentativ vernichtete – wie dies in der Geschichte von Befreiten spontan immer wieder geschehen ist, ohne dass sie sich im Rausch des Autodafés den Zeugnischarakter des Vernichteten vergegenwärtigten. Im mehrheitlich von Zapoteken bewohnten Oaxaca wurden sie im Gegensatz hierzu als Zeugnisse gewandelter Machtverhältnisse sorgfältig aufbewahrt und fortan der Öffentlichkeit präsentiert.

Der damalige Bibliothekar versicherte im Jahr 2001 der staunenden Ursula Schulz-Dornburg, dass der Großteil solcher Akten allerdings nicht in den ehemaligen Kolonien aufbewahrt werde, sondern im Archivo General de Indias in Sevilla. Um ihr noch im selben Jahr Zugang zu ebendiesem spanischen Archiv zu verschaffen und eine Erlaubnis zum Fotografieren zu erwirken, gab der Bibliothekar ihr Papiere dunklen Inhalts mit: Jedenfalls blieben sie der Fotografin und selbst seinen Verwaltungskollegen in Sevilla unverständlich; aber immerhin war man im Gegenzug im Archivo General de Indias trotzdem bereit, der Fotografin vier Stunden Zeit zu geben, um ohne Blitz und Stativ Aufnahmen im oberen Stockwerk des Gebäudes zu machen.

Seit 2001 lagen die Negative und Abzüge dieser Fotografien im Archiv ihres Hauses in Düsseldorf und wurden erst anlässlich unserer Gespräche über die Ausstellung im Jahr 2018 wieder in Erinnerung gerufen. Bei einem ersten Blick konnte ich mir einen Eindruck von den Fotos verschaffen und fing an, über das Archivo General, über das Gebäude und sein Inventar nachzudenken. Während Ursula Schulz-Dornburg eine Ausstellung in London begleitete und eine von Dezember 2019 bis Februar 2020 gezeigte weitere Werkschau verschiedener Serien in der Maison Européenne de la Photographie organisierte, vertiefte ich mich in die Geschichte der Zeit um 1500, sichtete Forschungsliteratur und studierte Zeitzeugnisse. Der Faszination über die zahlreichen Perspektiven, die sich aus dem Nachdenken über das Archiv in Sevilla ergaben, entsprang der in diesem Buch abgedruckte Text.

Diese Vorbemerkungen machen vielleicht deutlich, welche Überlegungen dem Text zugrunde liegen. Die im Jahr 2001 entstandenen Bilder, die bisher in keiner Ausstellung gezeigt wurden und hier nun erstmals zu sehen sind, ließen sich zwar beschreiben und in das Gesamtwerk der Künstlerin einordnen. Aber jeder Versuch, das Abgebildete in Sprache zu fassen, hieße, beim Wechsel vom Medium Bild in das der Sprache etwas preiszugeben, was den Bildern eigen ist und ihren geheimnisvollen Charakter ausmacht. Und dennoch: Die Vielfalt an möglichen Bedeutungen, welche sich bei der Betrachtung ergibt, kann für den Schauenden erweitert, vermittelt und in weitere eigene Vorstellungen verwandelt werden, indem die Hintergründe, die Anlässe ihrer Entstehung und das besondere Interesse der Fotografin an der Geschichte des Gezeigten benannt werden. Es ging ihr nicht um Fotos von Archivalien in beeindruckender Architektur – nein, es ging und geht nach wie vor um die im Archiv *gesammelte Zeit*, um die in den zahllosen Dokumenten mal mehr, mal weniger verborgenen Geschichten von Unterwerfung, Macht, Kontrolle, Ausbeutung, Hoffnung und Abenteuer. Und es geht um Hybris, um die einstige, im Überschwang der Entdeckungsreisen geborene Vorstellung, zwei Königreiche könnten die Erdkugel einfach »wie eine Orange« – so damals ein Höfling des spanischen Königs – in zwei Hälften schneiden und die neu entdeckten und zu entdeckenden Länder unter sich aufteilen.

Das Alter der Aufnahmen ist für ihre heutige Betrachtung ein echter Glücksfall. Ihre Geschichtlichkeit kann nämlich – dies ließ sich damals noch nicht erahnen – das skizzierte Anliegen noch schärfer konturieren. Jede Fotografie muss letztlich, folgt man den theoretischen Überlegungen Siegfried Kracauers, »wesentlich dem Zeitpunkt ihrer Entstehung zugeordnet sein«, mithin in ihrer spezifischen zeitlichen Gebundenheit betrachtet werden. Auch die Bilder vom Archiv zeigen eine vergangene Gegenwart, im Sinne Kracauers jenen »Restbestand, den die Geschichte abgeschieden hat«.[2] Diese besondere Form der Abgeschiedenheit des Sichtbaren führt paradoxerweise noch viel unmittelbarer an die im Archiv gesammelte Zeit heran.

Was aber zeigen die Fotografien Ursula Schulz-Dornburgs?

Wer das Archivo General de Indias besuchte, konnte sich, nachdem er die beeindruckende architektonische Repräsentation von Herrschaft, das Licht und sein Spiel im Raum fasziniert gewürdigt hatte, dem hier aufbewahrten Papier zuwenden. Seine schiere Menge von rund neunzig Millionen Dokumenten ist kaum fassbar. Nähme man jedes Blatt nur eine Minute in die Hand, um es einen Moment lang zu studieren, müsste man sich bei einem Arbeitstag von acht Stunden rund 520 Jahre hier aufhalten.

Wenn man dies auf durchschnittliche Arbeitswochen umrechnen würde, könnten fünfzehn Forscher ihr gesamtes Arbeitsleben dem Archiv widmen, um angesichts des umfangreichen Materials – so ließe sich diese Vorstellung weiterspinnen – hundert anderen Menschen mit historiografischem Interesse nach flüchtigem Studium wiederum für ein ganzes Leben Teilbereiche zur ersten Erkundung vorzuschlagen. Und diesen könnten, da ihre Fragestellungen zunehmend differenzierter ausfielen, wiederum tausend andere folgen – die 8000 Karten und Reisenotizen hätte sich dann allerdings noch gar niemand angeschaut. Ob das Gebäude am Ende eines solchen Gedankenspiels überhaupt noch stünde und das Papier nicht mittlerweile verrottet wäre, ist fraglich.

Generationen von Wissenschaftlern wären jedenfalls beschäftigt, die im Archiv gesammelten Informationen auszuwerten. Die vollständige Durchdringung ist schlicht aussichtslos, weil die Lektüre dieser Papiere nichts Mechanisches hat, sondern interessegeleitet ist. Jede Generation müsste im Grunde von vorne anfangen zu suchen und zu erkunden, weil sie mittlerweile neue und ganz andere Fragen an das Papier hätte als die vorhergehende. Das Archiv beherbergt nicht nur Dokumente aus drei Jahrhunderten (siehe hierzu ausführlich Kapitel I) – auch die Leser dieser Texte bringen Spielräume und Möglichkeiten ihrer jeweils eigenen Zeit mit.

Auf den ersten Blick wirkten angesichts solcher Überlegungen die Boxen, in denen die Papiere säuberlich beschriftet und nummeriert aufbewahrt wurden, regelrecht hermetisch. Bei näherer Betrachtung sind jedoch Gebrauchsspuren zu sehen. Interessierte Benutzer oder die Archivare haben die durchgesehenen Papiere nicht immer mit der gebotenen Sorgfalt wiedereingestellt. Die Pappen sind verbogen, leicht geknickt und geben ein wenig von ihrem Inhalt preis. Bisweilen wirkt es, als habe jemand heimlich und mit kindlicher Neugier die Pappe hochgebogen, um den in den Boxen enthaltenen Geheimnissen auf die Spur zu kommen. Ja, bei einigen scheinen Benutzer geradezu hastig und aus Furcht vor Entdeckung den Umschlag so gelüftet zu haben, dass er Schaden nahm.

Die Schränke auf den Fotografien verraten bei genauem Hinsehen, wo jemand gesucht, vielleicht etwas gefunden, zumindest aber Geheimnisse oder noch unbekannte Akten vermutet hat. Unmittelbar daneben scheint alles unberührt darauf zu warten, dass irgendwann jemand Interesse für die hier verborgenen Nachrichten zeigt. Geduldig scheinen die Archivalien sich zu wünschen, dass ein Wissenschaftler oder eine Wissenschaftlerin Fragen stellt, die nur sie beantworten können. An anderer Stelle lädt eine geöffnete Glastür ein, die Boxen zu inspizieren – um vielleicht ernüchtert zu konstatieren, dass die Schrift nur von Experten entziffert werden kann.

Doch gleichzeitig scheinen die gesammelten Papiere sich zu rühren und den Betrachtern heimlich etwas zuzuflüstern. Sie bergen zahllose Schicksale und eröffnen Dimensionen von Erkundung, die in ihrem Perspektivreichtum allenfalls in Ansätzen erfassbar sind. So dokumentieren die Papiere namentlich Hunderttausende von Personen, die sich einst über den Atlantik auf den Weg machten, um als einfache Leute anderswo ihr Glück zu suchen. Sie wissen von Verwaltung, Ausbeutung und Leid der einheimischen Bevölkerung. Sie listen Güter auf, die einst verschifft wurden, um Käufer in Europa zu finden oder schlicht den Neuankömmlingen in der sogenannten »Neuen Welt« Nahrung zu sichern. Die Schicksale von mutigen Seefahrern, die sich auf das große Meer wagten, scheinen auf. Die Dokumente erzählen von Überwachung, Kontrolle und Misstrauen, welche die königliche Verwaltung den Abenteurern entgegenbrachte. Und sie wissen von Glücksverheißung, krimineller Energie und egoistischer Rücksichtslosigkeit, die auf unbeobachteten Profit hoffte (siehe Kapitel III).

Die beinahe unstillbare Gier nach Gold ist hier ebenso festgehalten wie die Investitionen, die man tätigte, um an den neuen Reichtümern teilzuhaben und seinen Platz in der damaligen Gesellschaft zu sichern oder gar neu zu justieren. Großmäulig prahlte man mit gestohlenen Reichtümern, mit Goldfunden und Perlenraub. Mythische Orte und paradiesische Gefilde wurden erfunden, um immer neue Wagnisse einzugehen oder anzuregen (siehe Kapitel IV). Und bei all dem behauptete man, im Besitz göttlichen Segens zu sein. Weltliche Eroberung und Ausbreitung des Christentums wurden miteinander verknüpft (siehe Kapitel V). Christliche Mission und aus Sicht der Kirche religiöser Widerstand wie Irrglaube und Götzenverehrung wurden angesprochen. Die Eingeborenen erscheinen wie Sklavenseelen und tierähnliche Wesen, bei denen jede Moral und christliche Ethik aussetzen durfte. Sie wurden bisweilen konsultiert, ihre fremde Sprache wurde protokolliert und mehr oder weniger treffende Übersetzungen ihrer Worte gesucht, festgehalten und an nachfolgende Reisende weitergegeben. So wollte man nicht Verständnis wecken, sondern Ausbeutung erleichtern (siehe Kapitel VI).

Ein ganzes *papiernes Imperium* scheint hier versammelt. Der Königshof mit seiner Heerschar an Amts- und Funktionsträgern lässt sich über das Archiv rekonstruieren. Die minutiöse Akribie in Verwaltung und Kontrolle wird fassbar. Die Registrierung aller Reisen, die Aussonderung von Personen, denen man die Überfahrt aus religiösen Gründen verweigerte, wird ebenso greifbar wie die exotischen Güter, die Rückkehrer mit sich führten. Wir lesen von Menschen, welche Krankheiten auf den Schiffen dahinrafften, lesen über Rebellion und Meuterei und werden Augenzeuge von Havarien. Und die Tausenden von Karten oder Reiseberichten zeigen uns ferne Länder, erzählen von vormals unbekannten Inseln und Meeresbuchten, die zum Anlanden einluden und zugleich Furcht vor den Menschen weckten, welche die Seefahrer hier einst erwarteten (siehe Kapitel VII). Dem Versuch, das Fremde mit Rationalität oder im Rückgriff auf alte Deutungsmuster zu bannen, standen Ängste und Unsicherheit gegenüber, die man mit den fernen Ländern und unbekannten Gegenden der Erde verband. In welchem Umfang heftige Emotionen die Akteure umtrieben und ihr Handeln leiteten, ist bisher allenfalls in Ansätzen zu ermessen.

Das alles sind nur wenige Schlaglichter auf das, was die großen Schränke mit ihren wohlsortierten Pappboxen bergen. Und das ist es, was die Fotografin fasziniert: die ungeheuerliche Arroganz, mit der man einst im Einklang mit einer unersättlichen Kirche glaubte, die Welt beherrschen, einfach in zwei Hälften teilen und ohne Rücksicht auf deren Bewohner zur Plünderung freigeben zu können – sofern man dies als Christianisierung der Welt bemänteln konnte. Nahezu einhundert Millionen Menschen fielen alldem zum Opfer (siehe Kapitel VIII).

Angesichts dieser Hintergründe erscheinen Architektur und buchhalterische Ordnung mit ihrer einst eigenen Ästhetik, welche die Fotografien wiedergeben, wie eine leuchtende, sehr verführerische, aber letztlich schale Hülle. Auf diesem Gegensatz gründet die besondere und sehr eigentümliche Spannung, die sie in sich tragen.

Es kommt aber noch etwas Bedeutsames hinzu: die historische Einmaligkeit der Fotografien selbst, die ihnen eine besondere Aura verleiht. Denn die abgebildete Form der archivalischen Repräsentation ist mittlerweile selbst Vergangenheit. Das Archivo General de Indias wurde nämlich wenige Jahre nach Entstehung der Fotos bis zum Jahr 2004 komplett renoviert und umgebaut. Die Akten wurden und werden seither aus konservatorischen Gründen im Erdgeschoss des Archivs in speziell klimatisierten Räumen mit massiven Stahlschränken aufbewahrt. An die Stelle der alten repräsentativen, aus kubanischem Zedernholz und Mahagoni gezimmerten Regale und der Marmorfußböden sind in diesen Depots moderne Archivierungsmöbel getreten, die allein dem Erhalt der Dokumente, nicht ihrer Zurschaustellung im Rahmen prachtvoller Herrschaftsarchitektur dienen. Wer als Wissenschaftler einzelne Akten studieren möchte, bestellt die entsprechenden Konvolute in einem Katalog- und Lesesaal der Casa Cilla, einem historischen Gebäude, das südlich vom Archiv auf der anderen Seite der Calle Santo Tomás liegt und durch einen kurz nach 2000 gegrabenen unterirdischen Tunnel mit dem Archiv verbunden wurde.

In den Mahagoniregalen des ersten Stockwerks, wo Ursula Schulz-Dornburg 2001 fotografierte, stehen heutzutage entweder leere Aktenattrappen aus Pappkarton, oder die alten Regale werden für Wechselausstellungen mit schwarzen Tüchern verkleidet und zu Vitrinen umgebaut. Diese Verblendung des alten Inventars mit moderner musealer Präsentationstechnik war zuletzt in der Ausstellung *El viaje más largo. La primera vuelta al mundo* (2019/2020) zu sehen, mit der im Archiv das 500. Jubiläum der Weltumsegelung durch Magellan gefeiert wurde.[3]

Schlendert man demnach heute durch das erste Stockwerk des Archivs, dann sieht man nur noch leere Kopien der alten, 2001 im Original abgelichteten Archivkartons. Heutige Besucher betrachten im Grunde nur mehr eine Simulation dessen, was die Fotografien noch als mittlerweile selbst historisch gewordene Situation abbilden. Aktuell erlebt man folglich bloß noch die Inszenierung der historischen Machtarchitektur, der die dokumentarischen Beweise dieser Macht entzogen sind. Aus Sicht des Archivdirektors und seiner Mitarbeiter ist dies freilich kein Defizit, sondern ein Ausdruck archivalischen Fortschritts und der aktuellen Verpflichtung, die Papiere sorgsam zu behandeln und ihr Leben falls nötig durch Restaurierung zu verlängern. Anstelle der königlichen Zurschaustellung sind aus wissenschaftlicher Sicht zeitgemäße Aktenschränke mit Klimatisierung und ein neuer Lesesaal mit digitaler Ausstattung getreten, wobei das Alte und das Neue architektonisch durch eine für den Besucher unsichtbare, aufwändige Tunnelkonstruktion unterirdisch miteinander verbunden sind. Es erübrigt sich zu erwähnen, dass auch der aktuelle Zustand ein historischer ist, dessen Signatur Zeitzeugenschaft ist. Mit der Neukonzipierung des geschlossenen wissenschaftlichen Archivs ging die touristische Öffnung des übrigen Gebäudes einher – ein historisch signifikantes Zugeständnis an den zeitgenössischen Städte- und Ausstellungstourismus.

Wir reisen im Folgenden jedoch in die Zeit um 2001 und noch viel weiter zurück und ergreifen die Chance, an die ursprüngliche Repräsentationsfunktion des Archivo General de Indias anzuknüpfen. So treffen sich in diesem Band Bilder und Texte zu einem Zwiegespräch über selbsterlebte und längst vergangene Geschichten, über persönlich Gesehenes und zeitlich ferne, in alten Texten überlieferte Ereignisse. Hierfür müssen das Licht und die Grautöne stimmen, die Wiedergabe des auf dem Negativ Festgehaltenen muss aus Sicht der Bildnerin auch im Druck nahezu perfekt sein. Die historische Erzählung muss passend hierzu im Interesse des Historikers verlässlich recherchiert und gut erzählt sein. Der Blick durchs Objektiv der Kamera ist – wie sollte es anders sein – von persönlichen Interessen, biografischen Zeitläuften und künstlerischen Ambitionen geleitet. Gleiches gilt für das Sammeln von Informationen, alten Zeugnissen und die Lektüre ausgewählter Bücher durch den Historiker.

Wechseln die Betrachter von den sehr klaren und zugleich geheimnisvollen Schwarz-Weiß-Fotografien zum Text des Historikers, erscheint ein buntes Durch- und Nebeneinander von Erzählungen, Zeiten, Geschehnissen, Handlungen und Schicksalen. Der Blick in dieses historische Kaleidoskop verheißt Einsichten und bisweilen ungläubiges Staunen. Vielleicht werden Fragen provoziert, die auf neue Sichtweisen lenken und zum Weiterlesen anregen. Wenn dies erreicht wird, ist es möglich, dass nicht nur die Fotografin und der Historiker sich austauschen und über *ihre* in vielen Details geteilte Wahrheit nachdenken können, sondern Leser Interesse entwickeln, an diesem Gespräch teilzunehmen – und sich vielleicht eine ganz andere, eigene Wahrheit mittels Bild und Text erschließen.

So nimmt hier eine Reise ihren Anfang, die fünfhundert Jahre zurückführt: in eine Zeit, als man plante, einen westlichen Seeweg nach Indien zu finden, ohne die dramatischen Folgen, die diese Fahrten haben sollten, wirklich abschätzen zu können. Und in ein großartiges Gebäude, dessen Dokumente von dieser Zeit erzählen.

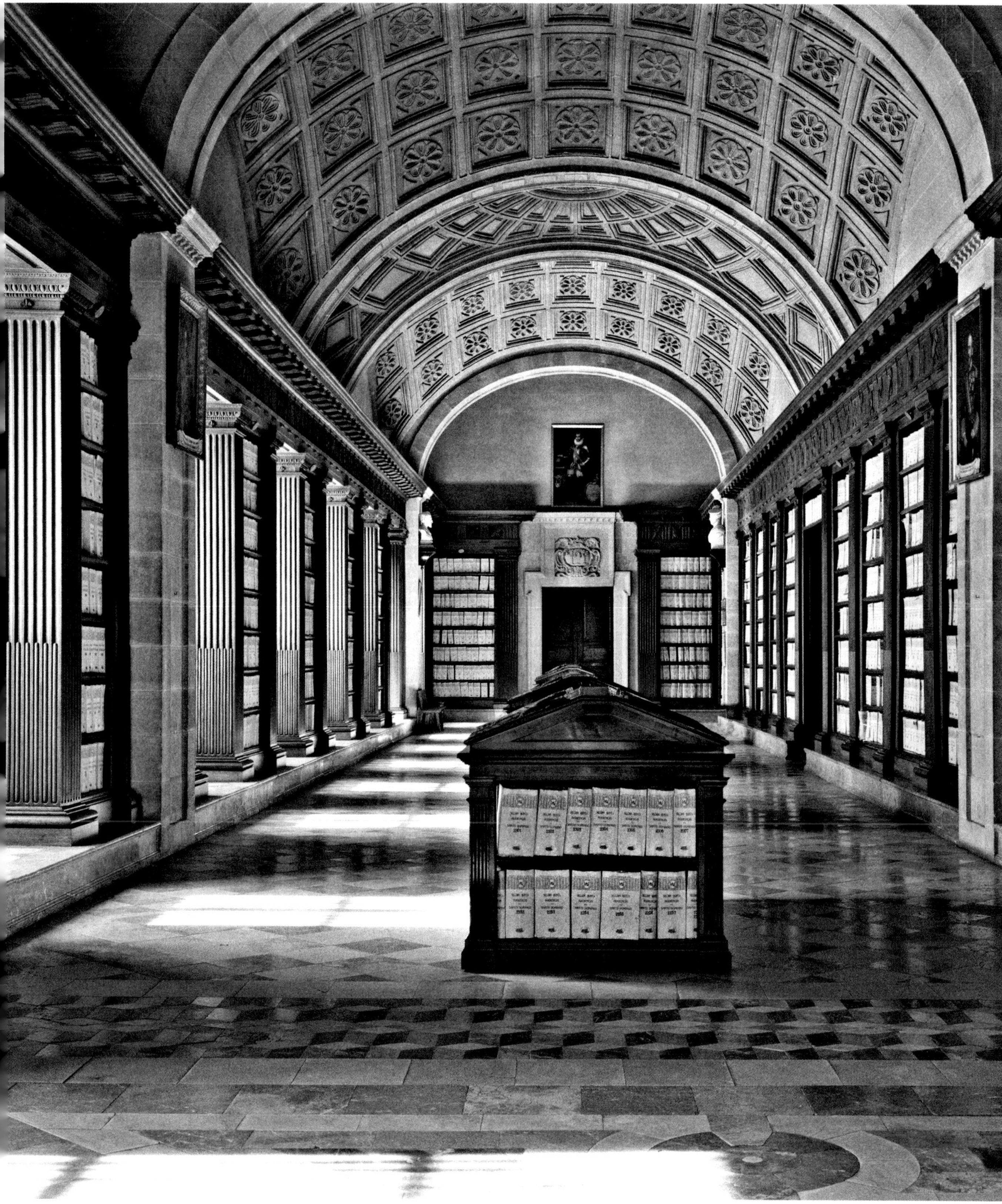

I. Ein Archiv als Monument der Macht und des historischen Rückblicks

Das deutsche Wort Archiv stammt vom lateinischen *archivum* ab. Es bezeichnet einen Schrank oder eine Vielzahl von Akten, in denen Unterlagen unterschiedlicher Art lagern. Sie werden in der Regel aktuell im Alltagsgeschäft nicht mehr benutzt, aber aus verschiedenen Gründen für erhaltenswert erachtet. Unter der Bezeichnung Archiv fasst man nicht nur die Akten, sondern auch das zugehörige Gebäude. Wer schon einmal ein Archiv besichtigt hat, kennt dies in der Regel als Räumlichkeit in Untergeschossen und Kellern. Für den Laien scheint es, als würden unübersichtlich riesige Mengen von Papier aufbewahrt. Nicht die Schönheit seiner Architektur und nicht die Ansehnlichkeit der hier gelagerten Ordner stehen bei der Einrichtung des Archivs im Vordergrund. Es geht um Funktionalität und Benutzbarkeit. Nicht eine imposante Wirkung der Räume und die Art, wie die Akten in Boxen, Ordnern, Pappkartons oder ähnlichen Behältnissen gesammelt werden, interessieren Bauherrn, Archivare oder Besucher. Gesamtplanung, Archivierung und dauerhafte Pflege werden von Fragen der verlässlichen Verwahrung und zukünftigen Auffindbarkeit der einzelnen Dokumente geleitet.

Und doch sind Status und Macht eines gängigen Archivs – so der Historiker Achille Mbembe – nicht denkbar ohne seine Architektur.[4] Der physische Raum, die Inneneinrichtung, das Labyrinth der Flure, die Ordnung der Dokumente und ihre Benutzung im Halbdunkel und mit großem Ernst verliehen den üblichen Archiven zugleich die Atmosphäre eines Tempels und eines Friedhofs. Die sakrale Aura spiegele sich in den Ritualen der Archivierung und jenen der streng geregelten Benutzung wider. Den Charakter einer Begräbnisstätte assoziiere man, da die Verfasser der

Dokumente verstorben seien und in den Texten selbst vergangenes Leben von Toten aufscheine.

Diese eindringliche Wirkung der Räumlichkeiten und der in ihnen versammelten Dokumente wird auch erkennbar, wenn man die Fotografien Ursula Schulz-Dornburgs vom Archivo General de Indias in Sevilla betrachtet.[5] Und doch heben die atemberaubende Architektur des im Renaissancestil errichteten Gebäudes und die bis ins kleinste Detail liebevoll geplante Inneneinrichtung den Ort aus der Reihe jener zahllosen tristen Sammelstellen heraus, die überall auf der Welt Archivalien beherbergen und die Mbembe offensichtlich bei seinen Assoziationen vor Augen hat.

Der grandiose architektonische Entwurf mag auf den Umstand zurückzuführen sein, dass das Bauwerk in Sevilla zunächst als Börse (die Casa Lonja de Mercaderes) fungierte, mithin als passender baulicher Rahmen für den spanischen Überseehandel geplant wurde.[6] Insbesondere die Fernhändler, die sich seit vielen Jahrzehnten auf den Stufen der Kathedrale Sevillas trafen, um Geschäfte abzuschließen, hatten sich im 16. Jahrhundert einen eigenen, vor allem wetterunabhängigen Ort für ihre Zusammenkünfte gewünscht. Für ihre florierenden Geschäfte schuf der spanische König Philipp II. zwischen 1584 und 1598 mit der Casa Lonja einen adäquaten Rahmen, der sich zudem perfekt in die Nachbarschaft des Königspalastes, dem Alcázar, und der imposanten Kathedrale Sevillas, der Giralda, einfügen sollte. Das Gebäudeensemble wurde 1987 von der UNESCO zum Weltkulturerbe erklärt.

Zweihundert Jahre später fiel dann unter Karl III. die Entscheidung, in diesem Gebäude das Zentralarchiv für Dokumente der spanischen Kolonialzeit einzurichten, sämtlich Unikate von unschätzbarem historischem und ideellem Wert. Die Entscheidung mag auch deshalb nahegelegen haben, weil Cádiz seit dem 17. Jahrhundert Sevillas Platz als Haupthandelshafen eingenommen hatte und die Geschäftsleute daher in großer Zahl weitergezogen waren. Aktueller Hintergrund für den Einzug der Archivalien in das Handelshaus war der 1779 auf Initiative des bedeutenden Höflings, Ministers und Adligen José de Gálvez y Gallardo vom König erteilte Auftrag an den Historiker Juan Bautista Muñoz, eine neue *Historia del Nuevo Mundo* zu verfassen.[7] Ziel des auf mehrere Bände angelegten Vorhabens sollte es sein, neueren Darstellungen der amerikanischen Kolonialgeschichte entgegenzutreten, die beispielsweise in England und Frankreich erschienen waren und vor allem eine Art »Schwarze Legende« (so sahen es die Spanier) über von Spaniern verübte Gewalttaten und unberechtigte Besitzansprüche verbreiteten.[8] Muñoz fing an, in den verschiedenen Archiven Spaniens Material zu sammeln. Der Historiker kam wie schon Gálvez vor ihm zu dem Schluss, dass eine zentrale Sammlung aller Dokumente diese und andere Aufgaben erheblich erleichtern würde. Gálvez begann in enger Abstimmung mit Muñoz, die in ganz Spanien verstreuten Archive aufzufordern, entsprechende Dokumente nach Sevilla zu senden. Beide machten sich daran, die eingehenden Materialien zu katalogisieren und zu archivieren.

Die 1785 in Sevilla zusammengeführten Bestände sollten folglich nicht mehr der alltäglichen Verwaltung dienen, sondern ganz im Sinne von Gálvez und Muñoz vorrangig als Material konsultiert werden, das einen von königlich-spanischen Interessen gelenkten Blick auf die vergangene Geschichte gestattete. Die eigene Kolonialzeit wurde als Historie verstanden, die es von der noch jungen Zunft der Historiker zu erforschen galt. Im Zeitalter der Aufklärung hatten Gelehrte allmählich ein Bewusstsein dafür entwickelt, dass solche Archivbestände im Sinne historischer Erkundung als Quellen zu verstehen sind. Dem intendierten Blick auf die nahezu unüberschaubare Papiermenge entsprechend, wurde in Sevilla nur gelagert, was bis zum Jahr 1760 in den alten Archiven gesammelt worden war. Alle jüngeren und zukünftig ab 1785 registrierten Archivalien sollten weiterhin an den bewährten Orten verbleiben. Historische Dokumente wurden auf diese Weise von solchen getrennt, die in der aktuellen Herrschafts- und Verwaltungspraxis noch genutzt wurden – durch die Archivierung wurde gewissermaßen die Zeit geteilt, in jene der großen Vergangenheit und in jene der eigenen nicht mehr ganz so großen Gegenwart.

Die Wahl des Gebäudes als solches und sein Standort im Machtzentrum lässt schon auf den ersten Blick erkennen, dass den hier von den Gelehrten gesammelten und hinter den Glasfenstern der Schranktüren sichtbaren Akten eine herausragende Bedeutung verliehen werden sollte. Die repräsentative Strahlkraft spielte ohne Zweifel die entscheidende Rolle. Die beiden mit der Einrichtung des Archivs betrauten Architekten betonten 1784 in ihrem Bericht, das Gebäude suche hinsichtlich Eleganz, Solidität und ausgewogenen architektonischen Proportionen seinesgleichen in Spanien. Der König teilte diese Sichtweise und adelte die hier eingelagerten Bestände, oder besser: Er spiegelte durch die Wahl des Gebäudes den repräsentativen Wert, den sie aktuell für die spanische Gelehrsamkeit der Zeit, aber eben auch seit mehr als 200 Jahren für die spanische Krone selbst hatten. Auch Muñoz legte höchsten Wert auf die Nähe zum Hof und die daraus resultierenden kurzen Wege, die Austausch und Abstimmung zwischen Gelehrten und Königshaus erleichterten.

Die hier fortan im oberen Stockwerk auf neun Regalkilometern versammelten Dokumente – im Erdgeschoss war weiterhin ein Konsulat (Consulado Marítimo y Terrestre de Sevilla) untergebracht – symbolisierten die einstige und im 18. Jahrhundert allmählich verblassende Größe Spaniens. In der Geschichte hatte diese an ihr Ende kommende Ära Spaniens als koloniale Großmacht mit der Entdeckung Amerikas 1492 und dem daraus resultierenden berühmten Vertrag von Tordesillas begonnen, mit dem 1494 Portugal und Spanien die Welt unter sich aufteilten (siehe dazu ausführlich Kapitel VI). Die vier päpstlichen Bullen Alexanders VI., die diese Teilung der Welt in verschiedenen Stufen bereits im Mai 1493 festlegten, sowie der Vertrag selbst galten ungeachtet der veränderten politischen Situation Ende des 18. Jahrhunderts als besonders prominente Dokumente des Archivs in Sevilla – und sie sind es bis heute.[9] Um diese Schriftstücke rankte sich ideell gewissermaßen der übrige Aktenbestand, zumal das Spanische Reich im 16. Jahrhundert, das dem Vertrag von Tordesillas nachfolgte, ein in der Weltgeschichte bis dato nie dagewesenes globales Imperium dargestellt hatte. Es umfasste damals in Europa Spanien, die westlichen Mittelmeerinseln (mit Sizilien), die Niederlande, Luxemburg, das Burgund und Teile Norditaliens. Außerhalb Europas gehörten Teile Nordafrikas, große Teile des Atlantiks mit seinen Inseln, weite Gebiete Nord-, Mittel- und Südamerikas und schließlich Inseln des Pazifischen Ozeans zum Reich.

Doch zum Zeitpunkt der Einrichtung des Archivs – das ließ sich nicht verheimlichen – war das spanische Imperium längst im Niedergang begriffen.[10] Dieser Prozess hatte im 17. Jahrhundert eingesetzt, als die Iberische Halbinsel nicht nur von Hungerkatastrophen, sozialen Spannungen und anderen Notständen heimgesucht wurde. Mit den Niederlanden, dem englischen Königreich und Frankreich hatten neue Konkurrenten Besitzungen in Übersee erstritten, vor allem im Norden Amerikas. Sie unterstützten zudem mit Schiffen, militärischer Rückendeckung und schillernden Figuren, wie dem walisischen Freibeuter und späteren Gouverneur von Jamaika Henry Morgan, die Piraterie, die den spanischen Handel mit Mittelamerika schwer beeinträchtigte. Der spanische König, der weiterhin das iberische Kernland und einige überseeische Kolonien kontrollierte, erlitt in Europa einen schleichenden militärischen Machtverlust. Im Vertrag von Madrid schließlich, der am 13. Januar 1750 von Ferdinand VI. und dem portugiesischen König Johann V. unterzeichnet wurde, teilten die einst bedeutenden Kolonialmächte die Einflusszonen in den Überseekolonien neu auf. Damit wurde die 1494 in Tordesillas vereinbarte Teilung der Welt zwischen Spanien und Portugal zwar nicht aufgehoben, aber vor allem mit Blick auf die brasilianische Ostgrenze präzisiert. Das Vertragswerk wurde den faktischen Besitzverhältnissen zugunsten Portugals angepasst. Die fortschreitende Schwächung Spaniens, die sich im Laufe des 18. Jahrhunderts im Verlust einzelner Gebiete niederschlug, konnte der neue Vertrag indes nicht aufhalten. Ab dem Beginn des 19. Jahrhunderts büßte das Königreich immer mehr Gebiete des Imperiums ein.

Das neue Archiv sollte fünfundzwanzig Jahre nach dem Übereinkommen von Madrid die eindrucksvolle Größe der 1492/94 beginnenden und um 1785 fast 300 Jahre währenden Geschichte kolonialer Herrschaft unterstreichen. Die auf diese Weise vorgenommene Selbsthistorisierung des Imperiums wirkt im Rückblick fast wie der Ausdruck der prophylaktischen Sorge, wenigstens historiografisch den eigenen Niedergang zu überleben. Der König und seine Ratgeber hatten zwar die Dokumente als Einzelne im Blick, zugleich aber ging es auch um ihre schiere Menge und die von ihr auf das Königreich zurückstrahlende Wirkung. Dem Monarchen war bewusst, welche historische und zugleich repräsentative Bedeutung solche Massen an Archivalien haben.

Papier und Schrift sind seit vielen Jahrtausenden, letztlich seit Beginn der ersten schriftlichen Aufzeichnungen, materialisierte Macht. Herrschaft manifestiert sich zunächst in der physischen Anwesenheit der Herrschenden, die für die Untergebenen in Form militärischer Kontrolle und dem Aufbau einer differenzierten Verwaltung spürbar ist. Zu dieser Präsenz gehört seit alters her die schriftliche Dokumentation ihrer Tätigkeit. Schon in den mesopotamischen Stadtstaaten des 3. Jahrtausends v. Chr., den Großreichen des Nahen und Mittleren Ostens, im Ägypten der Pharaonen oder in den mykenischen Palästen des späten 2. Jahrtausends v. Chr. wurden entsprechende Formen der Aufzeichnung auf Tontäfelchen oder auf Papyrus erfunden und kultiviert. Die Verschriftlichung von Verwaltungsakten und die Archivierung entsprechender Urkunden waren nicht nur Motor institutioneller Durchdringung dieser Reiche. Die Abrechnung von Abgaben, ja schon die schlichte namentliche Nennung von Untertanen, die den ihnen auferlegten Verpflichtungen bereits nachgekommen waren oder noch nachkommen sollten, symbolisierte auch im schriftlichen Dokument sehr konkret deren Beherrschung. Es ist daher folgerichtig, solche Dokumente als Wissensspeicher zu bewahren, zu sammeln und ihre Archivierung zu systematisieren. Auch die Fähigkeit, jederzeit Erkundigungen über die Untertanen in den Archiven einholen zu können, vermittelte umfassende Kontrolle und Beobachtung.

Was antike Großreiche als erste Form einer auf Perfektion angelegten Durchdringung von Herrschaftsgebieten organisierten, was demnach im Rückblick als frühe Praxis zentralistischer Planung und Überwachung bis in den Alltag hinein erscheint, taucht in den administrativen Kontrollpraktiken der spanischen Könige im 16. Jahrhundert wieder auf – jedoch ohne dass dies in spezifischer Kenntnis der antiken Vorläufer geschehen wäre.[11] Die Vorgeschichte des Archivs von Sevilla begann mit Blick auf den Hauptteil der Archivalien mit der europäischen »Entdeckung« Amerikas im Jahr 1492 durch Christoph Kolumbus.[12] Unabhängig von den Plänen der Seefahrer veröffentlichte im selben Jahr der Gelehrte Elio Antonio de Nebrija die erste spanische Grammatik *(Gramática de la lengua castellana)*, der er 1494 ein spanisch-lateinisches Wörterbuch folgen ließ. Aus seiner Sicht wurde die fortan auch in Übersee gebräuchliche spanische Sprache zur »Begleiterin des Imperiums«.[13] Unmittelbar verbunden mit der Ausdehnung der Herrschaft in die »Neue Welt« wurden für die damalige Zeit und im europäischen Vergleich erstaunlich große Archive eingerichtet. Dies galt im Übrigen auch für Portugal, wo schon 1378 das Archiv im Torre do Tombo des Königspalastes in Lissabon entstanden war und in der Folge die portugiesische Kolonialherrschaft dokumentierte. Die dortige Archivtechnik setzte auch für die Spanier Maßstäbe, die spanische Archivare nach Besuchen in Lissabon in eigene Planungen aufnahmen. Der portugiesische König hatte jedenfalls vorgeführt, dass sich angesichts der Entstehung eines Reiches, das auch überseeische Gebiete einschloss, eine zentral konzentrierte Archivierung von Handel, Seefahrt und Abgabenerhebung empfahl.

König Ferdinand II. begann seit 1492 – und seit 1509 konkret in der alten Chancillería von Valladolid – Dokumente der Entdeckungsreisen zu sammeln. Unter den spanischen Archiven ragte schließlich das 1540 von Karl V. angelegte Archivo General de Simancas heraus. Das Kastell von Simancas hatte sich bereits als zentrales Gefängnis und königliche Schatzkammer bewährt. Dieses festungsartig gesicherte Archiv im Kastell wurde 1574 von Philipp II. als umfassender Speicher des Wissens über die neueroberten Regionen weiter ausgebaut. Der Regent verfasste 1588 zudem ein erstes Regelwerk, um Aufgaben und Ziele des königlichen Archivs in vielen Details schriftlich festzuhalten – ein in der Archivgeschichte der

Zeit einzigartiges Dokument. Es repräsentiert die hohe Bedeutung, die dem Kronarchiv im Herrschaftsgefüge der Spanier zukam und die weit über das bloße Anlegen einer Sammelstelle für die Dokumente hinausging. Zugleich war es symbolischer Gedächtnisort der habsburgischen Dynastie und Hort der kulturellen, auch katholischen Identität im Zeitalter der Glaubenskämpfe. Durch eine restriktive Zugangspolitik und die Einstellung speziellen Archivpersonals, das Akten verwaltete und den Zugang zu den Dokumenten reglementierte sowie überwachte, avancierte dieses Archiv rasch – wie zuvor die Justizanstalten beziehungsweise die Chancillerías in Valladolid und Granada – zu einem Geheimarchiv, das königliche Besitztümer und Finanzansprüche unterschiedlicher Art detailliert dokumentierte. Daher waren die Akten mehrfach gesichert und nur nach Erlaubnis und in Gegenwart der Archivare zugänglich. Man hat davon gesprochen, dass diese Einrichtung im Laufe der Zeit ein regelrechtes »Papier-Imperium« schuf und letztlich das »papierne Fundament der Ordnung« war.[14] Diese Feststellung ist vielleicht etwas einseitig, da andere Grundlagen der Macht wie zum Beispiel Kontrolle der Amtsträger, schriftliche und mündliche Befragungen und anderes mehr ausgeblendet bleiben und die funktionale Bedeutung der Archive überschätzt wird, wenn sie zum Zentrum der Kontrolle und des Wissens erhoben werden.[15] Sie spiegelt allerdings durchaus korrekt den Aufwand, der getrieben wurde, um Unterlagen zu sammeln und zu archivieren.

Neben den königlichen Urkunden und den Dokumenten der verschiedenen Ministerien wurden in Simancas auch die Akten der Casa de la Contratación (Casa y Audiencia de Indias) aufbewahrt, die auf Initiative des Erzbischofs von Burgos 1503 in Sevilla gegründet worden war, der Hafenstadt, über die der Hauptanteil des Fernhandels in dieser Zeit lief. Diese königliche Einrichtung koordinierte umfassend die Entdeckungs- und Eroberungsexpeditionen. Als eine Art Handelskammer – eben ganz im Sinne der oben beschriebenen Herrschaftspraxis mittels schriftlicher Aufzeichnung – überwachte sie das kastilische Handelsmonopol in den Kolonien. Die Casa de la Contratación, die ab 1523 dem für Verwaltung und Rechtsprechung zuständigen Indienrat (Consejo Real y Supremo de Indias) untergeordnet war, erhob die Steuern (den sogenannten »Fünften«), zeichnete den Schiffsverkehr auf, vergab Lizenzen an Kapitäne, stellte die zugehörigen Frachtpapiere aus und führte Schiffsinspektionen durch. Der umfassenden Kontrolle und der peniblen Buchführung der Casa de la Contratación ist es zu verdanken, dass wir heute mehr als 150 000 Personen namentlich kennen, die damals in die Neue Welt reisten.[16] Die Casa kontrollierte nämlich auch die komplette Auswanderung, von der Verbrecher, Vagabunden und schließlich Juden, Muslime sowie Zwangs-Konvertiten und/oder Personen, die Muslime oder Juden unter ihren Vorfahren hatten, systematisch ausgeschlossen wurden, um die Herrschaft über die neuen Gebiete allein in die Hände katholischer Spanier zu legen. Die Behörde sammelte zudem alle alten und neuerworbenen Kenntnisse über Reiserouten sowie die zugehörigen nautischen Details.

Alle Informationen, die man von den Kolonien und ihrer geografischen Lage erhielt, liefen hier zusammen. Ein großer Teil des Bestands an rund 8 000 Karten und Plänen, die das Archiv in Sevilla heute aufbewahrt, gehen auf die Tätigkeit der Casa und des Indienrates zurück. Die Archivierung des Handels wie der Abgaben hatte für die Könige ungeheure Bedeutung. Insbesondere Letztere waren die materielle Basis für ihre Politik in Europa und vor allem für die Kriegsführung in der Alten Welt. Als Bank hatte die Casa nämlich auch die Aufgabe, die aus Übersee eintreffenden Reichtümer, die aus dem Bergbau in Edelmetallminen, dem Verkauf von Sklaven und dem Güterexport nach Kastilien gelangten, zur Tilgung der Schulden zu verwenden, die die regelmäßigen Kriegszüge in Europa verursachten.

Alle in Simancas und weiteren Archiven ähnlichen Inhalts gesammelten Dokumente wurden unter Leitung von Juan Bautista Muñoz 1785 in das Archivo General de Indias nach Sevilla überführt – ohne dass die Zeitgenossen eine Ahnung vom Niedergang und Verschwinden des spanischen Kolonialreichs haben konnten. Allerdings gab es bereits ein zeitgenössisches Bewusstsein für die im Vergleich mit dem 16. Jahrhundert deutlich geschrumpfte Bedeutung Spaniens in der geopolitischen Auseinandersetzung der europäischen Großmächte zu diesem Zeitpunkt.

Die ab 1785 hinter Glasfenstern sichtbaren Dokumente in ansonsten verschlossenen Schränken, die nur geöffnet wurden und werden, wenn man ein berechtigtes Anliegen nachweisen kann, tradieren die in den älteren Archiven schon ausgeprägte Funktion von Archivalien als Herrschaftsinstrument. Der exklusive Herr der verschiedenen, nun erstmals zusammengeführten Archive, sprich der König, war zugleich der Herr über das Wissen, das für politische Kontrolle stand.[17] Er hatte somit die Verfügungsgewalt über das historische staatliche Gedächtnis, denn er bestimmte, was erhalten und was – in der Sprache der Archivare – »kassiert«, also vernichtet und unsichtbar gemacht wurde.

Bestanden die Könige des 16. und 17. Jahrhunderts, die die Akten in Sevilla zusammenführen ließen, noch ganz auf Geheimhaltung und Asymmetrie des Wissens, zeigt sich mit dem Umzug in die alte Börse eine partielle, wenngleich minimale Öffnung, verbunden mit der Aufforderung, die einstige Größe des Reiches zu bestaunen. Die hinter der Einrichtung des Archivs stehenden Intentionen des Königs und die historischen Interessen von Gálvez und Muñoz zielten darauf ab, die Auslegung der Dokumente umfassend zu kontrollieren. Durch die Archivierung bestimmter Dokumente und die Erlaubnis, sie zu konsultieren, eröffnete sich für den Herrn des Archivs und seine prominenten Mitstreiter grundsätzlich die Möglichkeit, die Vergangenheit zu vereinnahmen. Vergangene Schuld zu neutralisieren war in den ersten Jahren und in der Auseinandersetzung mit der zeitgenössischen Geschichtsschreibung anderer Länder ein zentrales Anliegen der Archivare und Besucher.

Der Zugang zu den Akten war entsprechend streng reglementiert. Schon das Fehlen eines Lesesaals im neuen Archiv verdeutlicht, dass man langes Verweilen bei der Planung der Innenarchitektur nicht erwog. Niemand sollte auf die Idee kommen, anhand der Quellen eine unautorisierte Geschichte Spaniens zu schreiben, die nicht im Sinne des Königshauses war. Demgemäß sahen die 1790 veröffentlichten Statuten vor, dass niemand Abschriften von den Dokumenten erstellen durfte, ja selbst die Andeutung ihrer Existenz und ihres Inhalts war verboten. Muñoz selbst hat, dies sei am Rande erwähnt, trotz exklusiver Zugriffsrechte seine »Geschichte der Neuen Welt« abgesehen vom ersten, bis 1500 reichenden Band nie fertiggestellt.[18]

Das Archivo General de Indias monumentalisierte jedenfalls die mit der ersten Reise des Kolumbus 1492 beginnende Kolonialzeit Spaniens. Diese Zeit war als historische Epoche nicht nur für Spanien geradezu ungeheuerlich. Die Kunde von der »Neuen Welt« veränderte die damalige Sicht auf die Erde grundlegend. Die Begegnung mit bis dato unbekannten Kulturen jenseits des Atlantiks wurde von den Beteiligten als dramatischer Einschnitt in der eigenen Erfahrungswelt wahrgenommen – und entsprechend in gedruckten Reiseberichten beschrieben.[19] Oder, wie es der zeitgenössische Philosoph Louis Le Roy um 1570 ausdrückte: »die Erfindung der Druckerpresse und die Entdeckung der Neuen Welt; dies beides ist in meinen Augen nicht nur mit der Antike, sondern mit der Unsterblichkeit zu vergleichen.« Die Entdeckung Amerikas sei, so Francisco López de Gómara 1552 in seiner *Historia General de las Indias*, »ausgenommen die Menschwerdung und den Tod ihres Schöpfers«, »das größte Ereignis« der Geschichte. Und noch am Ende des 18. Jahrhunderts hat Adam Smith in seinem Buch *The Wealth of Nations* pointiert festgehalten: »Die Entdeckung Amerikas und die des Seewegs nach Ostindien um das Kap der Guten Hoffnung sind die beiden größten und bedeutendsten Ereignisse, welche die Geschichte der Menschheit verzeichnet«.[20] Da waren schon Hunderte von Tonnen Gold und Tausende Tonnen Silber nach Europa transportiert worden – von den übrigen Gütern und den vielen Sklaven einmal abgesehen. Und noch viel mehr afrikanische Sklaven und europäische Migranten wie Güter aller Art hatten in noch größerem Umfang die Reise nach Westen angetreten – eben, wie man es damals sah, in eine »Neue Welt«.

Im Jahr 1503 war es der florentinische Kaufmann Amerigo Vespucci, der nach seiner Überquerung des Atlantiks als Erster von der »Neuen Welt« sprach – und seinen in Form von zwei Briefen in vielen europäischen Städten gedruckten Reisebericht entsprechend *Mundus Novus* betitelte. Der Kartograf Martin Waldseemüller benannte auf Anregung seines Freundes Matthias Ringmann daher auf seiner 1507 gezeichneten Weltkarte das neue Land zu Ehren des Florentiners als Erster mit der weiblichen Namensform *America*.[21] Nach Ansicht Ringmanns, der gemeinsam mit Waldmüller den Kommentarteil zur Karte *(Cosmographiae Introductio)* verfasste, war es Amerigo Vespucci, der als wahrer Entdecker des neuen Kontinents zu gelten habe, zumal die ganze Gelehrtenwelt der Zeit noch von Indien oder mit Kolumbus von den Westindischen Inseln sprach: »Nun sind aber diese Erdteile umfassender erforscht und ein anderer vierter Erdteil ist durch Americus Vesputius (wie im folgenden zu hören) entdeckt worden. Ich wüsste nicht, warum jemand mit Recht etwas dagegen einwenden könnte, diesen Erdteil nach seinem Entdecker Americus, einem Mann von Einfallsreichtum und klugem Verstand, ›Amerige‹, nämlich Land des Americus, oder ›America‹ zu nennen, denn auch Europa und Asien haben ihren Namen nach Frauen genommen.«[22] Mit diesem Vorschlag provozierten Ringmann und Waldseemüller einen mehr als 300 Jahre währenden Streit, wer denn nun der Entdecker Amerikas sei. Vespucci oder Kolumbus? Florenz oder Spanien? Sollte der neue Kontinent tatsächlich nach Vespucci den Namen eines Diebes tragen, eines »Heringshändlers aus Sevilla [dem Wohnort des Florentiners, Anm. d. Vf.], dessen höchster Rang der eines Bootsmaats war«,[23] wie Ralph Waldo Emerson noch zu Beginn des 19. Jahrhunderts polterte? Oder war nicht vielmehr der Admiral Kolumbus der wahre Entdecker, wie bereits der spanische Mönch Bartolomé de las Casas betonte: »Niemand kann sich erlauben, sich diesen Ruhm anzumaßen noch ihn sich selbst oder einem anderen zuzusprechen, ohne damit dem Admiral Böses, Ungerechtes und Schmach anzutun, und demzufolge auch nicht, ohne sich gegen Gott zu vergehen.«[24] Das sahen freilich die Mitbürger Vespuccis in Florenz ganz anders, wo man noch 1788 betonte: »Das Universum […] sah ihn als Vertrauten der Gestirne, den Vater aller Kosmographen, als wunderbaren Navigator, der unter dem einhelligen Jubel der Nationen jene ursprüngliche Bezeichnung *Neue Welt* hat verschwinden lassen, denn so war des Universums Wille, dass allein von Americus der Kontinent beziehen sollte seinen Namen«.[25] Doch Vespucci selbst maßte sich gar nicht das Vorrecht der Erst-Entdeckung an. Es waren, wie schließlich Alexander von Humboldt ermittelte, eben nicht Vespucci selbst, sondern der deutsche Kartograf Waldseemüller und sein Mitstreiter Ringmann gewesen, die 1507 erstmals die Alte *und* die Neue Welt in einer Karte wiedergaben und den neuen Namen festlegten.[26]

Man kann sich diesen Streit und den damaligen Umbruch aus heutiger Perspektive vielleicht am besten vergegenwärtigen, wenn man sich die überraschende Kenntnis von einer Neuen Welt jenseits des Atlantiks wie die Entdeckung eines neuen, bewohnten Planeten vorstellt – derart erschütternd und faszinierend scheinen die Berichte der Rückkehrer aus Übersee registriert worden sein. Was man hörte, las und sah, schien in seiner Neuartigkeit und Fremdheit schier unfassbar zu sein.

Ebenso faszinierend waren die paradoxerweise in Folge der neuentdeckten Länder und Inseln entstehenden weißen Flecken auf der Erde. Die Nachrichten von vormals unbekannten Ländern beflügelten die Phantasie und ließen von vielen weiteren Entdeckungen träumen, die plötzlich für möglich erachtet wurden. Solche sich ständig eröffnenden oder nur imaginierten Perspektiven und die daran geknüpften Hoffnungen schienen geradezu unerschöpflich gewesen zu sein. Man wusste zwar, dass die Erde eine Kugel war. Aber konkrete Vorstellungen davon, wie diese genau beschaffen war und was sich auf ihr alles befand, hatte man über die antiken Geografen hinausgehend nicht. Damit waren entsprechende Spielräume für neue Pläne und Imaginationen geschaffen. Dies gilt für goldgierige Abenteurer, Herrscher und arme Seelen, die einen Neuanfang fern der Heimat wagten. Es gilt aber auch für die Gelehrten der Zeit. Ein gutes Beispiel ist der Engländer Thomas More mit seinem 1516 veröffentlichten Büchlein *Utopia*. Es handelt sich um den fiktiven Reisebericht eines Seemanns, der angeblich gemeinsam mit dem erwähnten Amerigo Vespucci den Atlantik überquerte. Er sei aber weiter als dieser gefahren und habe eine Insel namens *Utopia* entdeckt, auf der er die perfekte Republik vorgefunden habe. Dieser (Noch-)Nicht-Ort *Utopia* ist seither Sinnbild aller Wunschvorstellungen und Zukunftsentwürfe, deren Realisierung zweifelhaft ist, bei deren Zeichnung aber phantasievoll alle Fesseln der eigenen Erfahrungswelt abgestreift werden können.[27]

In unserer Zeit, die geprägt ist von gänzlich anderen Raumerfahrungen, lässt sich diese Wahrnehmung der Erde um 1500 nur mit einiger Mühe rekonstruieren. Zum Verständnis der damaligen Vorstellungen und des Kontexts, in dem man 1494 in Tordesillas auf die Idee kam, die Welt vertraglich in zwei Hemisphären und Herrschaftsgebiete zu teilen, sind daher im Folgenden einige Umwege zu beschreiten. Unsere konkrete Erfahrung der Welt als Ganzes, als komplexe globale Einheit, ist relativ jung. An ihre Entstehung möchte ich zunächst im folgenden Kapitel erinnern. Dann gilt es Teilungen der Welt, wie sie Spanier und Portugiesen vornahmen, als anthropologische Konstante der Menschheitsgeschichte zu beschreiben. Immer schon haben nämlich Menschen die Welt aufgeteilt – ihre Lebenswelt von den Räumen abgesondert, die andere Menschen bewohnen. Solche Teilungen lassen sich an historischen Fällen mit langer Nachwirkung studieren. Die um 1500 noch sehr präsente Kenntnis von solchen weit zurückliegenden Beispielen ist die Basis dafür, dass eine vergleichbare Übereinkunft im Zeitalter der Entdeckungen überhaupt denkbar und als Handlungshorizont vorstellbar war. Die 1494 vorgenommene Teilung der Welt hat demnach einen spezifischen Platz im Kontext zeitgenössischer Wissenskultur. Ohne die Erfindung des Buchdrucks, der die Verbreitung antiker Texte wie der Reiseberichte der Entdecker ungemein beförderte, wären andere Erzählungen geschrieben worden. In der gegenseitigen Befruchtung alter Texte und neuer Erfahrungshorizonte, die sich in den Büchern der Zeit studieren lässt, ist der epochale Einschnitt eben auch als Medienereignis fassbar.[28] Abschließend wird sich zeigen, dass die pure Machtgier der Könige trotz Teilungsvertrags paradoxerweise den Weg bereitete, die Welt in Vorstellung und kartografischem Bild Schritt für Schritt als Ganzes zu sehen und in Erzählungen wie in neuen

Karten abzubilden. Die raffgierige Okkupation und Ausplünderung, ihre Teilung in zwei Hälften, war ein entscheidender Antrieb, sich über die Erde als Ganzes zu verständigen.

Zunächst aber geht es nur fünfzig Jahre in die Vergangenheit. In dieser Zeit veränderte sich weltweit grundlegend die Raumerfahrung der Menschen. Das erstmalige Verlassen der Erde und die frühen Reisen ins All fanden in dieser Zeit höchste Aufmerksamkeit – und den Zeitzeugen stehen diese Ereignisse noch lebhaft vor Augen.

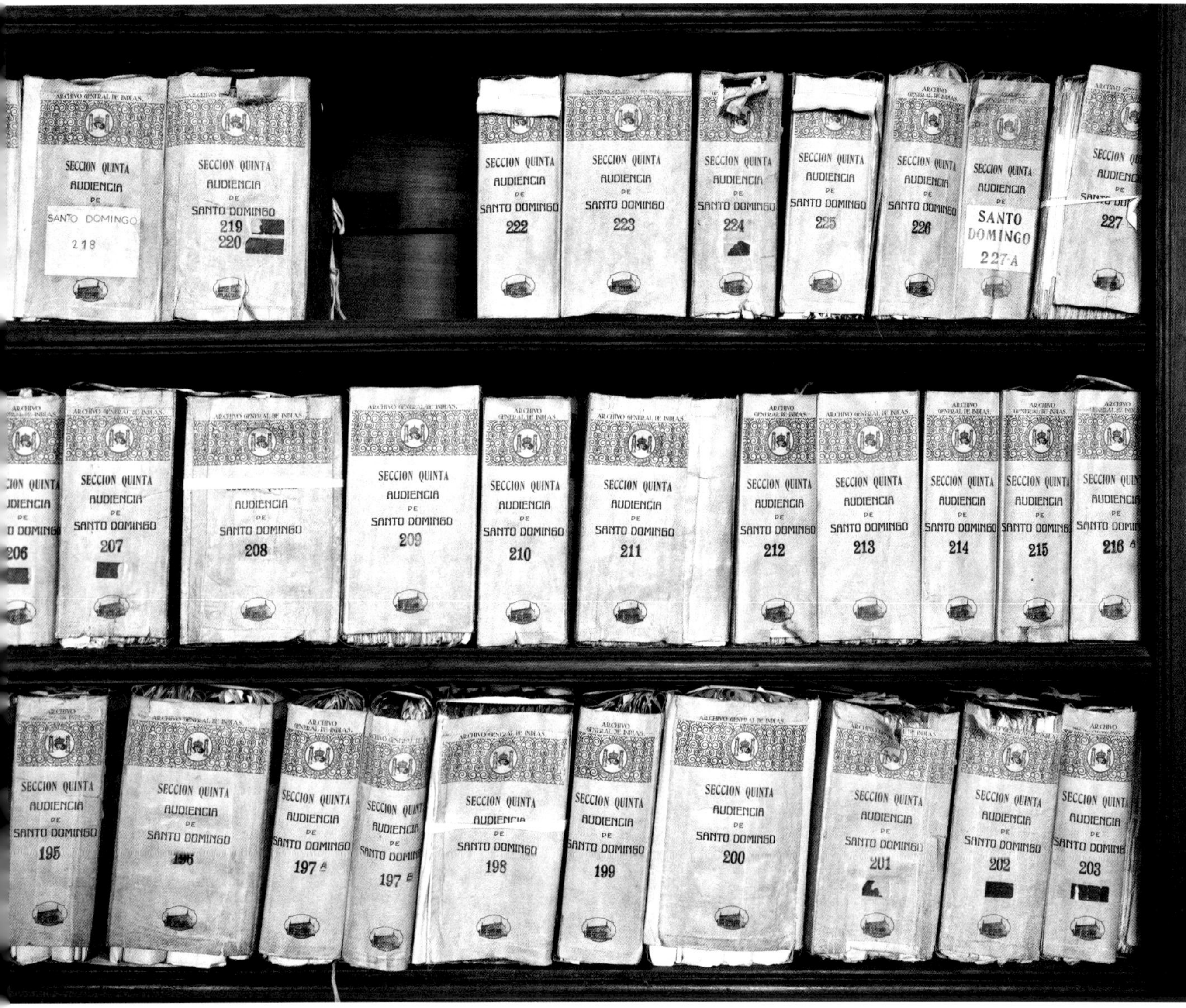
ARCHIVO GENERAL DE INDIAS.
SECCION QUINTA AUDIENCIA DE
SANTO DOMINGO 218
SECCION QUINTA AUDIENCIA DE SANTO DOMINGO 219 220
SECCION QUINTA AUDIENCIA DE SANTO DOMINGO 222
SECCION QUINTA AUDIENCIA DE SANTO DOMINGO 223
SECCION QUINTA AUDIENCIA DE SANTO DOMINGO 224
SECCION QUINTA AUDIENCIA DE SANTO DOMINGO 225
SECCION QUINTA AUDIENCIA DE SANTO DOMINGO 226
SECCION QUINTA AUDIENCIA DE
SANTO DOMINGO 227-A
SECCION QUINTA AUDIENCIA DE 227
SECCION QUINTA AUDIENCIA DE SANTO DOMINGO 206
SECCION QUINTA AUDIENCIA DE SANTO DOMINGO 207
AUDIENCIA DE SANTO DOMINGO 208
SECCION QUINTA AUDIENCIA DE SANTO DOMINGO 209
SECCION QUINTA AUDIENCIA DE SANTO DOMINGO 210
SECCION QUINTA AUDIENCIA DE SANTO DOMINGO 211
SECCION QUINTA AUDIENCIA DE SANTO DOMINGO 212
SECCION QUINTA AUDIENCIA DE SANTO DOMINGO 213
SECCION QUINTA AUDIENCIA DE SANTO DOMINGO 214
SECCION QUINTA AUDIENCIA DE SANTO DOMINGO 215
SECCION QUINTA AUDIENCIA DE SANTO DOMINGO 216 A
SECCION QUINTA AUDIENCIA DE SANTO DOMINGO 195
SECCION QUINTA AUDIENCIA DE SANTO DOMINGO 196
SECCION QUINTA AUDIENCIA DE SANTO DOMINGO 197 A
SECCION QUINTA AUDIENCIA DE 197 B
SECCION QUINTA AUDIENCIA DE SANTO DOMINGO 198
SECCION QUINTA AUDIENCIA DE SANTO DOMINGO 199
SECCION QUINTA AUDIENCIA DE SANTO DOMINGO 200
SECCION QUINTA AUDIENCIA DE SANTO DOMINGO 201
SECCION QUINTA AUDIENCIA DE SANTO DOMINGO 202
SECCION QUINTA AUDIENCIA DE 203

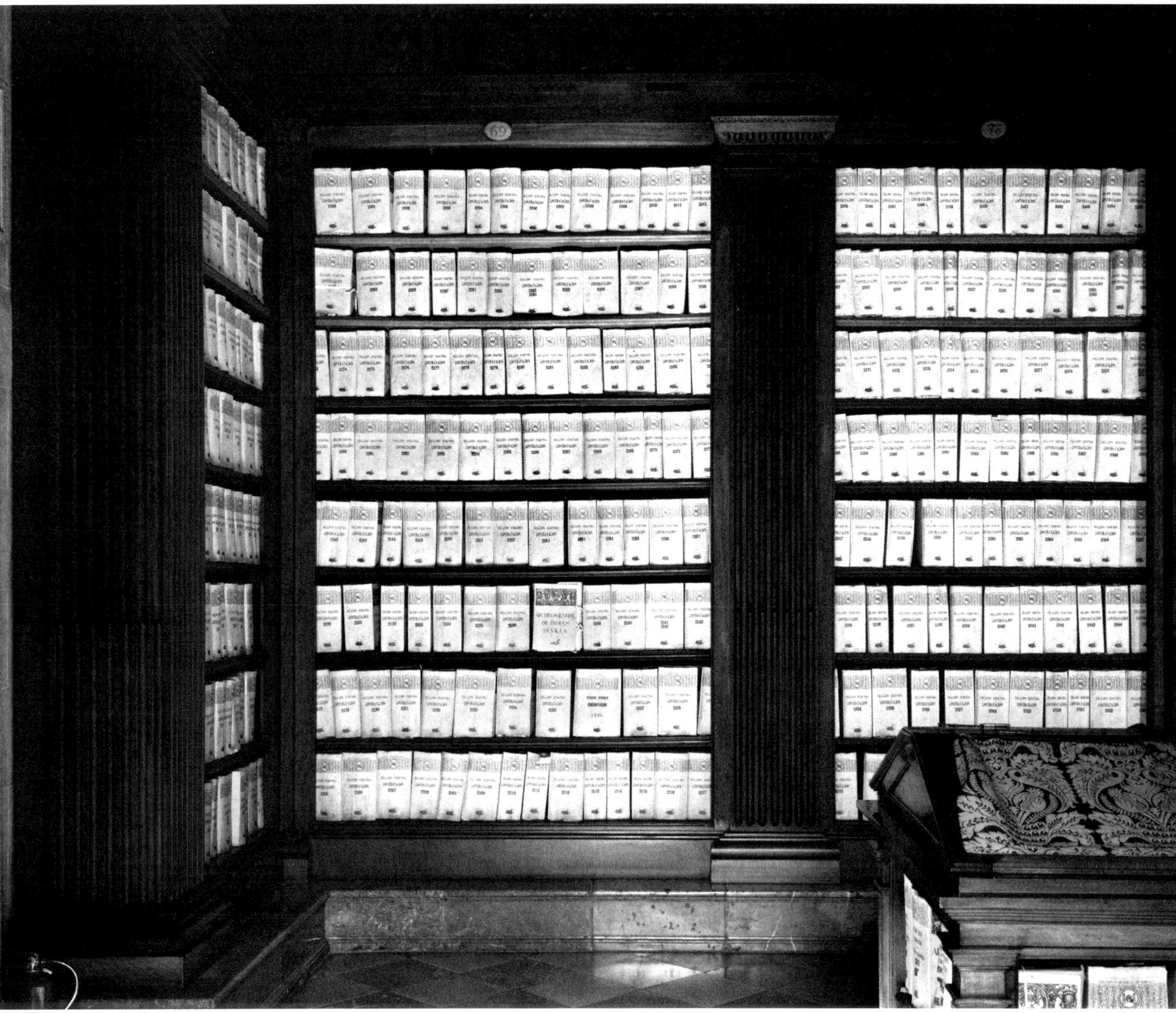

II. Der »Overview Effect«

I miss the earth so much, I miss my wife.
It's lonely out in space.

Elton John/Bernie Taupin, Rocket Man

Die amerikanische Weltraumbehörde NASA führt unter der Nummer AS8-14-2383HR ein Foto, das in die Geschichte eingegangen ist. Das Bild entstand am 24. Dezember 1968 um 16:38 Uhr (Universal Time) in der Kapsel der Apollo-8-Mission. Der Astronaut William Anders hatte die Aufgabe, während der bemannten Mondmission mit einer Hasselblad-Kamera aus dem kleinen Fenster der Raumfähre mit einem 250 mm-Objektiv die Krater zu fotografieren, um einen geeigneten Platz für die geplante Mondlandung der Amerikaner zu identifizieren. Als die Kapsel zu jener Stunde wieder hinter der Rückseite des Mondes hervorkam, war plötzlich im Fenster die Erde zu sehen. Frank Borman als Kommandant schaute überrascht aus dem Fenster. Die Mikrofone an Bord zeichneten die Bemerkung seines Kollegen William Anders auf: »Oh, my God! Look at that picture over there! Here's the earth coming up! Wow, is that pretty!« William Anders machte sofort eine Aufnahme der aufgehenden Erde, was Borman scherzhaft mit dem Satz kommentierte: »Hey, don't take that, it's not scheduled.« Da in der Kamera ein Schwarz-Weiß-Film eingelegt war, rief Anders seinem Kollegen Jim Lovell zu, er möge rasch einen Farbfilm reichen. Filmaufzeichnungen aus dem Cockpit, die man sich auf der Homepage der NASA anschauen kann, zeigen, wie Lovell hastig nach einem Film suchte, den Anders darauf in die Kamera einsetzte. Borman forderte ihn auf, mehrere Farbaufnahmen mit dem Kodak Ektacrome 70 mm-Film zu machen; alle drei Astronauten waren völlig fasziniert von dem Eindruck, den der blaue Planet im Kontrast zur grauen Mondlandschaft im Vordergrund und dem schwarzen All im Hintergrund erweckte.

Noch am selben Tag sandten die Astronauten ein Bild der aufgehenden Erde nach Houston. Da es der Weihnachtsabend war, verbanden sie das Bild mit einer christlichen Grußnachricht an die Weltöffentlichkeit. Diese saß überall gebannt vor den Fernsehern, um möglichst alle Neuigkeiten von der Mission zu erfahren. Borman rezitierte in seinem Grußwort die erste Zeile der alttestamentarischen Schöpfungsgeschichte und wünschte eine gesegnete Weihnacht. Den stärksten Eindruck hinterließ jedoch das Foto der Erde selbst, das unter dem englischen Titel *Earth Rise* (Die aufgehende Erde) in den folgenden Jahren eine ungeheure Wirkung entfaltete. Während bei vorhergehenden Weltraumflügen bereits der Blick auf den Planeten tiefen Eindruck gemacht hatte, waren die Astronauten der Apollo-8-Mission die ersten Menschen, die den Erdball als Ganzes sahen und eben jenes faszinierende Bild senden konnten. Doch was war eigentlich so beeindruckend an dem Foto?

Die Zeit des Apolloprogramms war geprägt von dem Traum, dass es den Menschen möglich werden könnte, die Erde zu verlassen, um in neue Welten aufzubrechen. Diese Phantasien hatten viel gemein mit jenen Hoffnungen, die allen Expeditionen, Entdeckern und Abenteurern in der Geschichte eigen waren. Mit diesem Weltraumtraum war die Vision verbunden, alle Unzulänglichkeiten der irdischen Existenz wie politische Konflikte, Kriege und Umweltkatastrophen hinter sich zu lassen und wie viele Kolonisten und Entdecker ferner Länder in der Menschheitsgeschichte einen Neuanfang zu wagen – gewissermaßen auf einer ins All versetzten Insel *Utopia*.[29]

Die Astronauten, die in den Apollo-Kapseln ins All flogen, sahen aber nach Verlassen der Erdatmosphäre weniger eine bunte neue Welt, sondern vielmehr ein unendlich schwarzes und bedrohliches Nichts. Der nahe Mond milderte diese Erfahrung nicht, denn – wie William Anders viele Jahre später erzählte – der graue Trabant erweckte vor seinem pechschwarzen Hintergrund einen besonders öden Eindruck, da er visuell allein »all shades of grey« bot.[30] Der blaue Planet Erde mit seinen leuchtenden Wolkenbändern wirkte in diesem schwarzen Nichts und mit der Mondlandschaft im Vordergrund hingegen wie eine ferne, aber vertraute Oase. Die Erde erschien zugleich wie ein übermächtiger Sehnsuchtsort, der für Heimat, Geborgenheit, Familie und Freunde stand.

Der Planet weckte aber nicht allein persönliche Erinnerungen und Sehnsüchte nach Rückkehr in das eigene vertraute und überschaubare Leben. Seit Juri Gagarin am 12. April 1961 als erster Mensch die Erde umrundet hatte, wurde immer wieder von Kosmonauten wie Astronauten eine besondere Sicht auf die Erde kommuniziert. Der Blick von der Umlaufbahn weckte bei allen eine neuartige Wahrnehmung des Planeten, der Frank White 1987 in seinem Buch *The Overview Effect* einen Namen gab.[31] In schriftlichen Aufzeichnungen und Interviews hoben die Weltraumfahrer unisono hervor, dass der Flug ins All ihre Vorstellungen von der Erde grundlegend verändert habe. Der Planet erschien ihnen eindrucksvoll als gemeinsame Heimat aller Menschen und wurde erstmals als komplexer und zusammenhängender Organismus erkannt. Zugleich wirkte er äußerst zerbrechlich und gefährdet, da die Atmosphäre – wie es noch der Astronaut Ron Garan im Jahr 2008 ausdrückte – die Erde wie durch eine schmale, papierdünne Schicht vom Tod und den Schrecken des Weltalls trennt.[32]

Die Beobachtung der fragilen und zugleich atemberaubenden Einheit des Planeten, die sich nicht um politische Grenzen und von Menschen geschaffene Gegensätze sowie politische Feindschaften scherte, wurde von den Weltraumfahrern mit zur Erde genommen und in Interviews wie Büchern weitererzählt. Die stärkste Wirkung entfaltete aber das Bild des *Earth Rise* selbst, dem wenige Jahre später am 7. Dezember 1972 von der Besatzung der Apollo 17 eine vielfach reproduzierte Gesamtansicht der Erde ohne verdunkelnden Schatten unter dem Titel *Blue Marble* (Blaue Murmel) an die Seite gestellt wurde. Beide Fotos wurden zu Ikonen der weltweit entstehenden Umweltbewegung, die in den USA erstmals 1970 zum *Earth Day* einlud. Die Organisatoren zeigten bei Demonstrationen auf zahllosen Plakaten und Bannern das Foto des *Earth Rise*. Es schmückte bereits seit 1969 als Motiv eine Briefmarke des US Postal Service mit dem Schriftzug *In the beginning God …*, dem von Borman zitierten englischen Beginn der biblischen Schöpfungsgeschichte. In der Bevölkerung erfuhren die Forschungen von Ökologen, die seit den fünfziger Jahren die Erde als komplexes Ökosystem beschrieben hatten, nun erstmals eine visuelle Bestätigung.

Der Weltraum und die neuen Missionen in den siebziger Jahren, allen voran die sowjetischen und amerikanischen Raumstationen, wurden zunehmend als Ort verstanden, an denen die im Kalten Krieg und durch militärische Konflikte geteilte Welt aus der wissenschaftlichen Außenperspektive zu vereinen war. Als die USA und die UdSSR am 17. Juli 1975 übereinkamen, zukünftig gemeinsame Missionen zu planen und zu unternehmen, war auch dies Ergebnis des »Overview Effect« der Raumfahrer, der schließlich 1998 in die internationale, mittlerweile von 16 Nationen getragene *International Space Station* (ISS) mündete. Der Zerfall der Sowjetunion und die Auflösung der Blockbildung in Ost und West war jedoch wichtige Voraussetzung für diese Kooperationen. Die bis heute von den USA beharrlich vertretene Haltung, China sei von der Station kategorisch auszuschließen, verdeutlicht hinreichend, dass sich trotz des »Overview Effect« die politischen Konfrontationen auf der Erde auch im Weltraum fortsetzen. Die in der Menschheitsgeschichte in dieser Form einmalige und von der Crew der Apollo 8 propagierte Wahrnehmung der Erde als Einheit, hinter der sämtliche menschliche Grenzziehungen an Bedeutung verlieren, hat sich, wie zu erwarten, in der Realpolitik kaum Bahn gebrochen. Sie bleibt ungeachtet der Erfahrungshorizonte von Weltraumfahrern gekennzeichnet von Lagerdenken und Aufteilungen der Welt in Gut und Böse, in (gutes) Wir und (böses) Ihr.

Seit einigen Jahren versucht daher das von ehemaligen Astronauten und Weltraumenthusiasten gegründete *Overview Institute* in geradezu anrührender Naivität dagegen anzukämpfen, dass die Erfahrung des »Overview Effect« als »metaphysische, philosophische und ästhetische Epiphanie« marginalisiert werde. Das Projekt hat es sich zum erklärten

Ziel gesetzt, möglichst vielen Menschen vor Augen zu führen, dass es sich beim »Overview Effect« um eine »grundlegende, perspektivverändernde Erfahrung« handele.[33] Kommerzielle Raumfahrt für jedermann und der Einsatz neuer Medien sollen diese Erfahrung möglichst vielen Menschen bieten, um den damit verbundenen Effekt nicht nur den bisher rund 500 Raumfahrern vorzubehalten. Dies sei ein wichtiger Beitrag, um die aktuellen Probleme von Klimawandel, Nahrungs-, Wasser- und Energieknappheit als gemeinsame Menschheitsfragen anzugehen.

Diese Initiative wirkt allerdings angesichts der technologischen Entwicklungen, die die letzten Jahrzehnte geprägt haben, geradezu romantisch. Die Entwicklung der Fernreisen, die Geschwindigkeit der Verkehrsmittel und nicht zuletzt die informationelle Vernetzung über Computer und Internet haben dazu geführt, dass neue Konzepte der Erdwahrnehmung diskutiert werden.[34] Insbesondere der unsichtbare Austausch von Informationen ließ den Gedanken entstehen, dass die Erdkugel selbst keine adäquate Repräsentation des irdischen Raumes mehr sein kann. Im Zeitalter der sogenannten Globalisierung scheint der Erdball selbst als Bildnis untauglich geworden zu sein, um die neuen Kommunikationsformen und globalen Verflechtungen adäquat abzubilden. Neue Formen von Karten sind nötig, da die angedeuteten Globalisierungsphänomene nicht mehr in alten Mustern wiedergegeben werden können.[35]

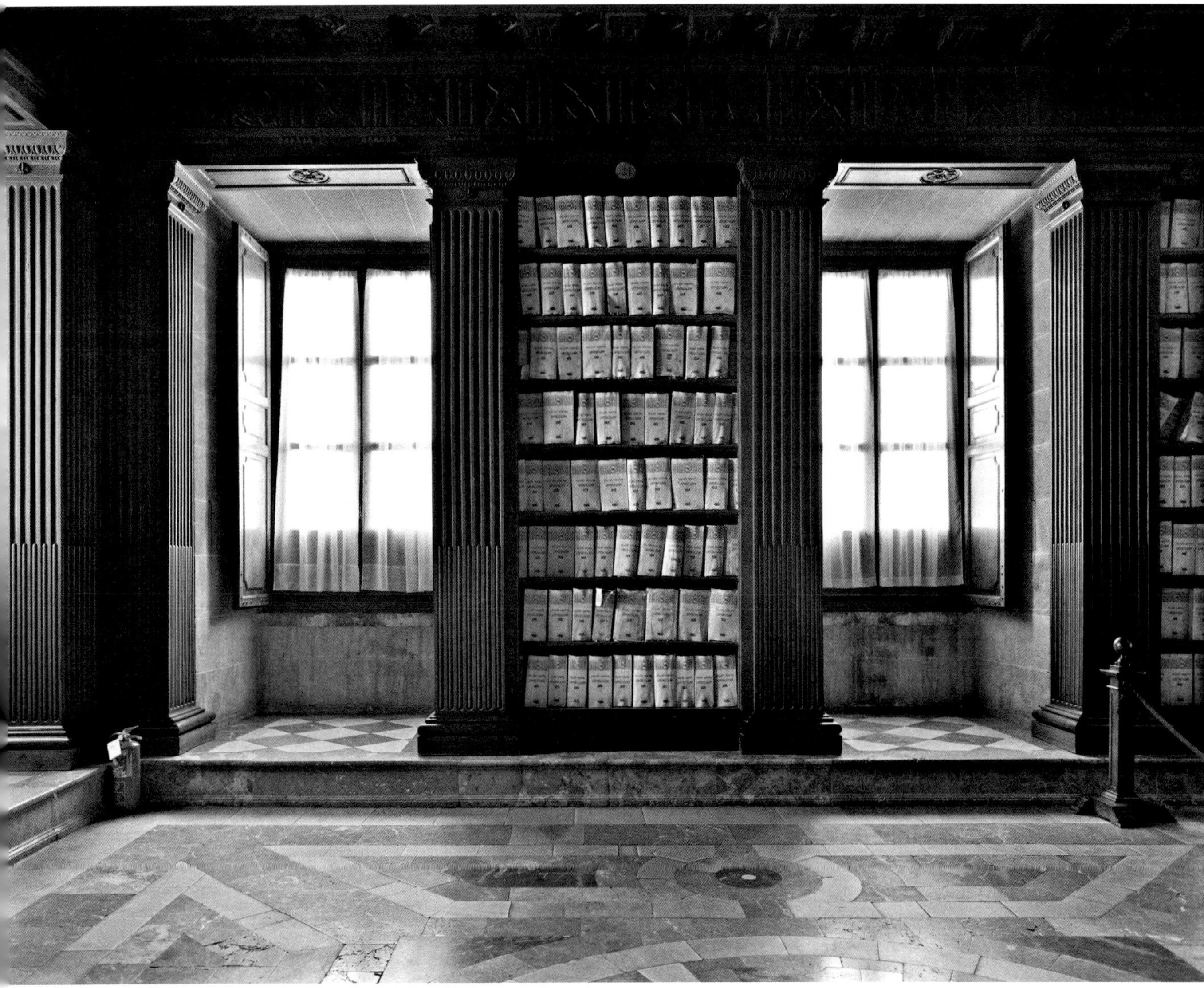

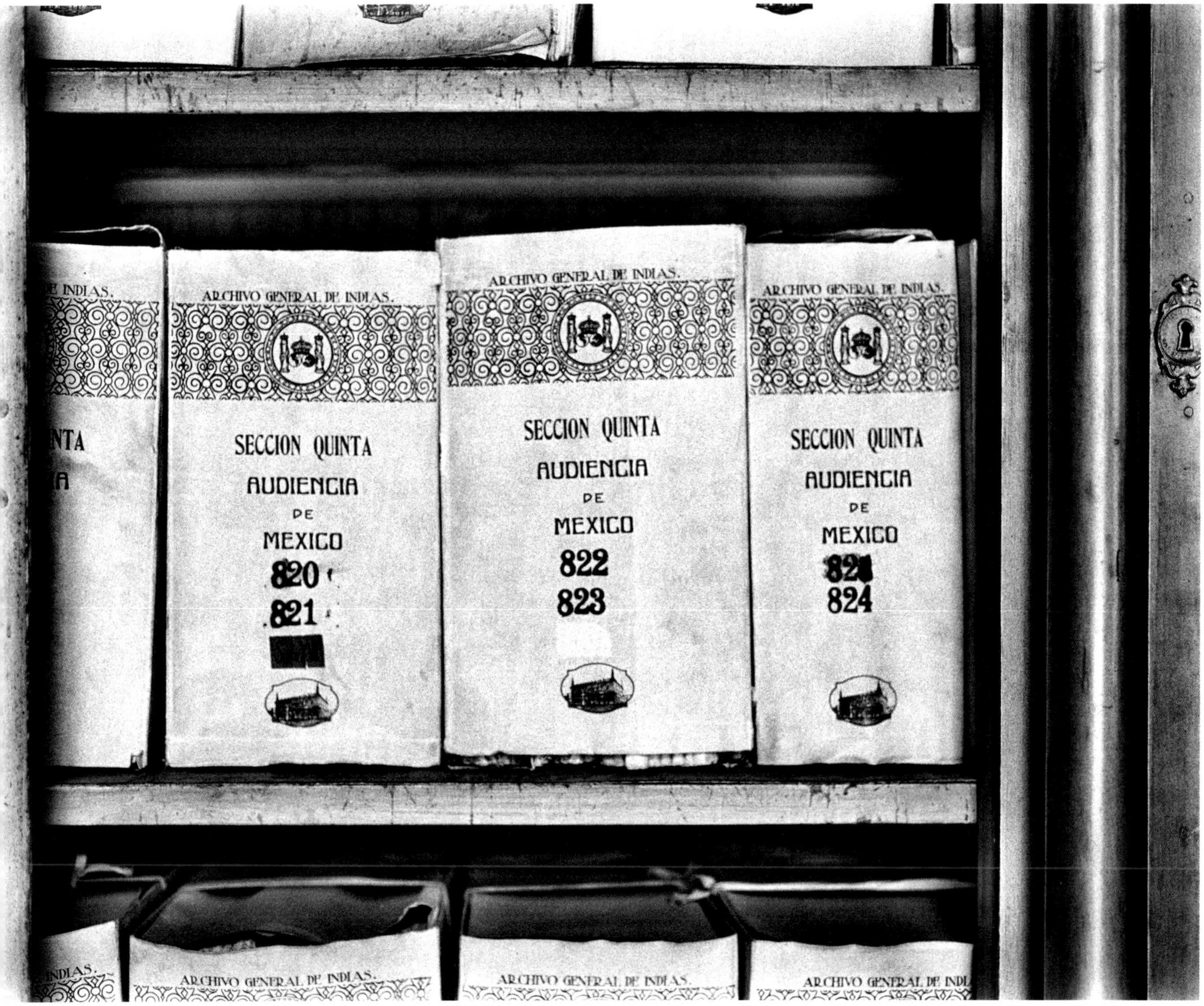
ARCHIVO GENERAL DE INDIAS.
SECCION QUINTA
AUDIENCIA
DE
MEXICO
820
821
ARCHIVO GENERAL DE INDIAS.
SECCION QUINTA
AUDIENCIA
DE
MEXICO
822
823
ARCHIVO GENERAL DE INDIAS.
SECCION QUINTA
AUDIENCIA
DE
MEXICO
824
ARCHIVO GENERAL DE INDIAS.
ARCHIVO GENERAL DE INDIAS.

III. Teilungen der Welt

Die Emphase, mit der alle Raumfahrer die Gefühle beschreiben, mit denen sie die Erde aus den kleinen Fenstern der Raumkapseln betrachteten, gründet selbstverständlich auf der Erfahrung, dass die Perspektive auf dem Erdboden eine gänzlich andere war und ist. Der Wahrnehmung des Himmelskörpers Erde als fragiler Einheit stand bei allen Raketenstarts, Erdumkreisungen und Mondfahrten die Alltagserfahrung der Astronauten einer in mehrfacher Hinsicht fragmentierten Welt gegenüber. Ja, man kann vielleicht sagen, dass die Teilung der Welt eine Konstante der Menschheitsgeschichte ist. Schon früh hat man den Raum eigener Erfahrung von jenem der mehr oder weniger fernen Fremden unterschieden.

Dies lässt sich recht gut seit Beginn der antiken schriftlichen Überlieferung verfolgen, die den Gelehrten um 1500, denen wir uns nun im Umweg über antike Imaginationen wieder nähern, sehr vertraut war. Seit den frühen schriftlichen Zeugnissen wurde die geografische Ordnung der Welt von einem Ort bestimmt, den die Menschen als (ihren) Mittelpunkt der Welt definierten. Um dieses Zentrum, das im engeren Sinne der eigene Alltags- und Erfahrungsraum war, stellte man sich kreisförmig angeordnet die übrige Welt bis zu ihren unbekannten und unheimlichen Rändern vor. Damit legte man zugleich bewusst wertend fest, dass das Zentrum, in dem man selbst lebte, Gutes und Vertrautes beheimatete. Man hatte sich mehr oder weniger behaglich in dieser eigenen Welt eingerichtet und die soziale Hierarchie, in der man seinen Platz hatte, verinnerlicht. Die Zeitgenossen entwickelten eine Vorstellung davon, dass das eigene Leben in rechtlichen, zumindest von den jeweils Herrschenden verlässlich kommunizierten Koordinaten eingeordnet war. Die weiter entfernten

Ränder standen hingegen für das Unheimliche, Fremde oder gar für den von furchterregenden Monstern bewohnten Teil der Welt.

In diesem abstrakten Bild standen die Randzonen zugleich für Gegenden, in denen der Übergang zur Sphäre der Götter verortet werden konnte. Ein real erfahrbarer Raum wurde demnach mit einem symbolischen oder mythischen überlagert. In der babylonischen Weltkarte des 7./6. Jahrhunderts v. Chr., der ältesten bekannten Visualisierung solcher Vorstellungen auf einer Tontafel, stellten Babylon und die umliegenden Landschaften Mesopotamiens den geografisch markierten Mittelpunkt dar.[36] Um diesen gruppierten sich sternförmig jenseits der Weltgrenze – dem Bitterfluss *marratu* – mythische Landschaften göttlicher Wesen. In den mythologischen Erzählungen über diesen Raum spielte es eine wichtige Rolle, die Welt in unterschiedliche Sphären aufzuteilen. Gemeinhin werden sie in Mesopotamien, aber auch in vielen anderen Religionen der Welt verschiedenen Göttern zugewiesen und anvertraut. So herrschten etwa bei den Griechen Zeus über die bewohnte Welt, Poseidon über die Meere und Hades in der Unterwelt – im Mythos eine gerechte Teilung unter drei göttlichen Brüdern. Im äußersten Westen dieser unter Göttern aufgeteilten Welt lag nach antiken Vorstellungen das Elysium, die Insel der Seligen – eine für die Entdecker der Frühen Neuzeit äußerst reizvolle Vorstellung, zumal das Elysium schon seit dem Spätmittelalter als irdisches Paradies galt.

Von Beginn an zeigen die frühesten Versuche, die Welt geografisch zu ordnen, demnach eine Kombination von empirischen und mythischen Räumen.[37] Diese überlagern sich teilweise, zumal beides in der Literatur in dem ihr eigenen epischen Raum zusammengeführt wurde. Insbesondere mit den Rändern und Grenzen der Welt aber ist eine Scheidelinie markiert, jenseits derer sich unheimliche und gefahrvolle Regionen bis hin gar zur Welt der Toten, der Unterwelt, imaginieren ließen. Diese jenseits der Grenzen liegenden Gebiete lassen sich als mythische Orte nicht exakt kartieren, etwa in einem Fahrtenhandbuch der Seefahrer, sondern nur möglichst eindrucksvoll und damit wirkmächtig *erzählen*. Schon in der Antike wurden sie im Laufe der Zeit an vielen verschiedenen Orten lokalisiert – das Paradies wie das Jenseits stellte man sich zuweilen als auf dem Mond gelegen vor.

Diese kulturelle Teilung der Welt in ein erfahrbares Zentrum und eine unbekannte Welt jenseits der Grenzen ist geradezu grundlegend für das geografische Selbstverständnis antiker Kulturen. Diese Weltenteilung gab man trotz neuer Erkenntnisse und trotz des Fortschritts der Wissenschaften, die den Raum von Erde und Kosmos zunehmend geografisch-mathematisch sowie astronomisch konstruierten, in der Antike nie auf. Auch als der Mittelpunkt der Welt nicht mehr in Babylon, sondern zunächst im Orakelheiligtum des Apollon in Delphi, später in Rom und schließlich im christlichen Jerusalem verortet wurde, basierte dies nicht unbedingt auf einer Art wissenschaftlichem Konsens, sondern trug nur der realen Verschiebung der politischen wie religiösen Machtverhältnisse Rechnung.[38]

Als sich von solchen Grenzgängen nicht abgeschreckte Seefahrer vom 5. Jahrhundert v. Chr. an auf den Weg machten, um beispielsweise in den Atlantik vorzustoßen oder die Westküste Afrikas zu erkunden (nach antiken Vorstellungen unbefahrbare Meere voller tödlicher Gefahren), geschah nach ihrer Rückkehr etwas Bemerkenswertes. In ihren auf eigener Anschauung beruhenden Reiseerzählungen korrigierten sie, wie beispielsweise der Westafrika erkundende Karthager Hanno, nicht etwa die alten mythischen Erzählungen als Phantasiegebilde.[39] Im Gegenteil: Sie erzählten von Ungeheuern und schrecklichen Gefahren, denen sie standgehalten hatten, und malten die mythischen Wundererzählungen sogar noch weiter aus. Gleiches gilt für die Römer. Als diese beispielsweise mit der Eroberung Britanniens ihr Reich bis an die Nordsee ausdehnten, schrieb man die alten Erzählungen über die Grenzen der Welt fort. Hier gab es klebrige, nicht schiffbare Meere voller Seeungeheuer. Selbst ein römischer Senator und Konsul wie der Historiograf Tacitus hielt im 2. Jahrhundert n. Chr. solche unheimlichen Gegenwelten im Nordmeer in seinen Büchern für verbürgt – und er teilte im Übrigen mit anderen Zeitgenossen die Vorstellung, dass man an den weit im Westen gelegenen Meeresufern ein Zischen hören könne, wenn die Sonne im Meer versinke.

Angesichts der ethnozentrischen Sicht auf solche Teilungen der Welt in Eigenes und Fremdes gab es letztlich gar keine Alternative. Die Überlegenheit des eigenen Lebensraums und der eigenen Kultur ließ sich nur aufrechterhalten, indem man die fremden und neuerkundeten Regionen weiterhin als Gegenwelt voller Schrecken und Gefahren zeichnete. In ihnen lebten nicht nur Monster, sondern angeblich sogar menschenähnliche Wesen eigentümlichster Anatomie. So wusste man etwa von Wesen in Indien, die nur aus Kopf und Beinen bestanden oder derart große Ohren besaßen, dass sie sich zum Schlafen damit zudecken konnten – Phantasien, die bis in die Neuzeit nachwirkten. Fremde Völker wie die Inder, die den Griechen begegneten, stellten sich offenbar auf diese ihnen irgendwie zugetragene Weltsicht der griechisch-makedonischen Eroberer ein.[40] Als Alexander der Große mit seinen Soldaten an den Ganges kam, lieferten – so berichtete Nearchos, ein General Alexanders – indische Gesandte den Soldaten die Felle von fuchsgroßen Ameisen, die nach griechischen und römischen Erzählungen in Asien angeblich nach Gold gruben. Die einheimischen Inder schenkten den Neuankömmlingen vermutlich Felle von Murmeltieren, die – wie moderne Beobachtungen in der Region ergaben – goldfarbenes Fell haben.[41] Die Behauptung, es handele sich um Ameisen, beglaubigte die mythischen Vorstellungen der Griechen – eine sicherlich einträgliche Geste. Solche eigentümlichen, die Phantasie der Eroberer spiegelnden, aber der eigenen Erfahrungswelt widersprechenden Gastgeschenke dienten offensichtlich dazu, auf diplomatischem Weg Vorteile aushandeln zu können. Der mythische Raum verwandelte sich so im Zusammenspiel mit den Fremden in einen scheinbar empirisch gestützten.

Eine solche Teilung der Welt in ein positiv definiertes Zentrum und eine als unterlegen oder gefährlich einzuschätzende Randzone haben lange vor dem Alexanderzug beispielsweise auch die Perser propagiert. Der Großkönig Dareios I. (549–486 v. Chr.) etwa bezeichnet sich als »König der Könige, König der Länder mit allen Stämmen, König auf dieser großen Erde gar fernhin«. Der Gott Ahura Mazda habe ihm die Herrschaft übertragen, und er habe »den Feind zurückgeschlagen weit entfernt von

Persien«.[42] Herodot erklärt seinen Landsleuten diesen vom persischen König imaginierten Raum mit Zentrum und Peripherie. Die Perser achten, so der griechische Geschichtsschreiber im 5. Jahrhundert v. Chr., »am meisten, die ihnen zunächst wohnen – nach ihnen selber, versteht sich –, dann die darauf folgen, und so geht es der Reihe nach weiter mit ihrer Achtung. Am wenigsten halten sie von denen, die ganz weit weg von ihnen wohnen, alles in dem Glauben, dass sie selber in allen Stücken bei weitem die besten sind, […] die entferntesten also die geringsten sind.«[43]

In diesen Vorstellungen klingt wiederum die konzentrische Teilung der Welt an, in der die wenig bekannten Fremden und ihre Eigenarten geringgeschätzt, ja geradezu verachtet werden. Die vom Gott Ahura Mazda auf Dareios I. übertragene Herrschaft über das Zentrum des Reiches legitimierte für den Perserkönig folglich die Beherrschung der »Geringsten« – so sahen es jedenfalls die Griechen, die sich als jene Bewohner verstanden, die jenseits der Grenzen des Perserreiches lebten, nämlich westlich der kleinasiatischen Landschaft Lydien. Dareios selbst hatte durchaus einen größeren Raum vor Augen: »Dies ist das Reich, das ich in Besitz habe, von den Saken, die jenseits von Sogdien sind, bis hin nach Nubien, von Indien bis hin nach Lydien.« Dieser von den Persern imaginierte Raum konzentrierte sich folglich auf das große persische Reich und deutete nur an, dass jenseits seiner Grenzen Anderes existierte, das aber nicht genannt wurde.

Auch die Griechen haben die verbreitete Teilung der Welt weiter durchdacht und neue Grenzziehungen vorgenommen. Neben die grundlegende Teilung in Himmel und Erde, Diesseits und Jenseits, bekannte und unbekannte Welt gehört auch die Trennung der eigenen Lebenswelt von der Lebenswelt anderer, die man in Folge von Erkundungsreisen und Handelskontakten innerhalb des bewohnten und bekannten Raums lokalisierte. Die Teilung der Welt in einen Binnenraum, den man seit dem 5. Jahrhundert v. Chr. *oikumene* (die bekannte bewohnte Welt) nannte, und einen Außenraum jenseits der Grenzen der Welt, der menschenleer oder von Fabelwesen bewohnt war, erfuhr weitere Differenzierungen.

Hierzu gehörte zunächst die Unterscheidung zwischen Europa, Asien und Libyen (Nordafrika), folglich die Trennung verschiedener Kontinente. Viel wirkmächtiger als eine solche geografische Ordnung jedoch war die Konfiguration des Fremden, die Wahrnehmung, Konturierung, Definition und Absonderung anderer. Man kann sagen, dass solch ein Prozess umso dramatischere und explizitere Formen annahm, je verfestigter die eigene Gemeinschaft war, zu sein schien oder – und dies ist ein besonders wirkmächtiger Antrieb für solche Erzählungen – eben nicht war, aber nach außen wie nach innen wie ein gefestigter Gemeinschaftskörper *wirken* sollte.

Dieser Mechanismus lässt sich besonders gut als Folge der Perserkriege beobachten. Der endgültige Sieg der Griechen über die Perser im Jahr 480/479 v. Chr. hatte eine Teilung der Welt zur Konsequenz, die im Grunde in verschiedenen Varianten und Schattierungen über mehr als 2000 Jahre und partiell bis heute imaginiert wird.

Dies zeigt etwa die Debatte, die das 1978 von Edward Said veröffentlichte Buch *Orientalism* bewirkte.[44] Hier wirft der Autor dem Westen vor, gegenüber »orientalischen« Gesellschaften des Ostens und besonders gegenüber dem Islam ein Überlegenheitsgefühl zu artikulieren. Dieses äußere sich konkret in Form von intellektueller Missachtung, die zugleich in Versuche von Beherrschung und Kontrolle mündete und dem aufgeklärten, vernunftgeleiteten Westen einen mystischen, unterlegenen Orient gegenüberstelle.

Tatsächlich hat die von Said untersuchte Erfindung des Orientalischen und der damit einhergehenden Trennung ihre Wurzel im Griechenland des 5. und 4. Jahrhunderts v. Chr. Nachdem nämlich die Griechen über die übermächtigen Heere der Perser gesiegt hatten, entstand nicht nur ein Bewusstsein für die verbindende Identität der griechischen Bürgerstaaten. Gleichzeitig begannen Griechen, wie etwa der Redner Isokrates, von den Persern ein Bild zu zeichnen, das holzschnittartig als Gegenbild der eigenen Gemeinschaft entworfen wurde. Anders als die freien, selbstbestimmten Bürger etwa des radikal demokratischen Athens seien die Perser Sklaven eines Königs, der alle Zeichen weiblicher Verweichlichung und mangelnder Selbstkontrolle aufweise und sich in wüster Gewalt wie unkontrollierten Sexexzessen ergehe.

Die Vehemenz, mit der gerade in Athen die Absonderung des barbarischen Ostens vorangetrieben wurde, beruhte allerdings auf reinem Machtkalkül. Dissens im Innern sollte – wie auch heute noch üblich – durch Konstruktion eines äußeren Feindes neutralisiert werden. Die ständige Behauptung, es drohe von den persischen Barbaren weiterhin Gefahr und sie seien einzig darauf aus, die freien Griechen zu versklaven, bildete die ideologische Grundlage für die Herrschaft Athens im Seebund. In diesem waren in den Jahrzehnten nach den Perserkriegen rund 200 Stadtstaaten als Bündner gegen eine angebliche Persergefahr zusammengefasst – Basis der Herrschaft Athens über weite Teile Griechenlands, der Ägäis und der kleinasiatischen Küsten. Athen übte innerhalb des Bundes eine Form der Herrschaft aus, die der Geschichtsschreiber und Athener Thukydides angesichts offener Erpressung und militärischer Intervention unverhohlen als Tyrannis bezeichnete. Wir wissen heute längst, dass ungeachtet der propagierten Teilung der Welt in die europäischen Griechen einerseits und die asiatischen Perser sowie ihre Nachbarn andererseits auf vielen Ebenen fruchtbare und freundschaftliche Kontakte bestanden. Diese wurden von Mitgliedern der griechischen Elite, Diplomaten, Händlern, Künstlern und nicht zuletzt Söldnern grenzüberschreitend lebhaft gepflegt.

Mit der von griechischer Seite vorangetriebenen Teilung der Welt war aber – und deshalb muss immer wieder an diese bis in die Neuzeit aktiv rezipierte Tradition erinnert werden – eine Blaupause entworfen, die in der abendländischen Geschichte vielfach als Modell übernommen und adaptiert wurde. Die Wirkmächtigkeit der Bilder vom despotischen Perserkönig kann über eine viele Jahrhunderte laufende antike Rezeptionsgeschichte nachgezeichnet werden. So übernahmen zunächst die Römer diese Dichotomie, um sich von den Parthern und ab dem späten 2. Jahrhundert n. Chr. von den Sassaniden abzugrenzen. An die bis in die Spätantike modifizierten und wiederholten Bilder wurde in der europäischen Literatur des Mittelalters und der Neuzeit in vielfacher Hinsicht angeknüpft.

Aber auch die Teilung der damaligen Welt in zivilisierte Griechen und minderwertige Barbaren, in Westen und Osten, Okzident und Orient, Europa und Asien blieb Bezugspunkt für immer neue Grenzziehungen, die von den verschiedenen Machthabern der Mittelmeerwelt, zunächst allen voran den Römern, aufgegriffen wurden. Noch in der Literatur über die verschiedenen Völkerschaften, über die zeitgenössische Autoren im Zeitalter der sogenannten Völkerwanderung berichteten, wird in ermüdender Monotonie auf die alten Muster, ja sogar wörtlich auf alte Überlieferungen zurückgegriffen.[45]

Diese angedeuteten Muster und Bilder antiker Literatur blieben erhalten, da entsprechende Texte immer wieder abgeschrieben und schließlich seit dem 15. Jahrhundert in Drucken verbreitet und gelesen wurden. Sie waren daher auch im Zeitalter der großen Entdeckungen des 15. und 16. Jahrhunderts äußerst wirksam.[46] Ihre Protagonisten griffen immer wieder auf Bücher antiker Autoren zurück. Dies geschah nicht nur, um mangelndes geografisches Wissen auszugleichen. Die antiken Bücher lieferten vielmehr Bilder und Beschreibungsmuster, die auch im Hinblick auf erst um 1500 entdeckte neue Länder und Völker aktiviert werden konnten. Seefahrer und Entdecker schöpften aus ihrer Kenntnis antiker Literatur, wenn sie Geldgeber davon zu überzeugen versuchten, dass der Sinn ihrer Expedition bereits durch antike Gewährsmänner beglaubigt sei. Auch kolportierten sie den Zeitgenossen Berichte über wundersame Begegnungen und Völker, die sie aus alten Berichten kopierten, in der Hoffnung, den Leser oder Zuhörer mit den angeblich erlebten Abenteuern zu fesseln. So hatte beispielsweise der griechische Autor Megasthenes, dessen Schriften heute verloren sind, aber in vielen antiken Texten zitiert wird und einst entsprechend verbreitet war, um 300 v. Chr. vorgemacht, wie man mit Erzählungen von fernen Goldinseln Phantasien und Sehnsüchte des Publikums anregte. Im 14. Jahrhundert folgte ein unbekannter Autor, der sich Jean de Mandeville nannte, seinem Beispiel und verkaufte geschickte Kompilationen antiker Berichte über Einfüßler, Hundsköpfige und Blütenesser einer zeitgenössischen Leserschaft als neue Reiseerzählungen.

Im Zeitalter der Entdeckungen hatten die antiken Wundergeschichten einen neuen, aktuellen Wert erhalten. Auch die Erzählungen über die Reisen Marco Polos boten hinreichend Stoff für die Wunderwelt ferner Länder. Das Staunen und die Verwunderung über die neuartigen Dinge, die man sehen konnte, ließen sich offenbar am besten mitteilen, wenn man wie die antiken Vorbilder Wunderdinge beschrieb. Auch Kolumbus erzählte der antiken Tradition folgend in seinem Schiffstagebuch von solchen wundersamen Beobachtungen. Am 9. Januar 1493 trug er ins Logbuch ein, er habe bei Haiti Sirenen *(serenas)*, Meerjungfrauen, gesehen. Sie sähen in Wirklichkeit anders aus, als man sie sich gemeinhin in Europa vorstelle: »Sie waren nicht so schön, wie sie gemalt werden, denn sie hatten eher männliche Gesichtszüge.« Schon am 4. November 1492 berichtete er davon, er habe die Einheimischen nach Wundern befragt, woraufhin diese berichteten, »dass es weit von hier Leute mit einem Auge gäbe und andere mit Hundeschnauzen, welche Menschen fräßen und alle, die sie fingen, köpften und ihr Blut söffen und ihnen das Geschlecht abschnitten«.[47] Von seiner zweiten Reise schickte er dem Königspaar Sklaven, bei denen es sich seiner Ansicht nach um Kannibalen handelte. Sie sollten isoliert werden und Spanisch lernen, um ihre alte Identität zu verlieren und ihre grausamen Riten abzulegen.

Wundersame Berichte über die Einheimischen und ihre Versklavung, die sich mit der Fremdheit und Minderwertigkeit der Völker begründen ließ, gingen so Hand in Hand. Welche Kreise solche Bilder bis in die königliche Kanzlei zogen, lässt sich an einem Beispiel verdeutlichen. Als das spanische Königspaar im Jahr 1500 die »Neue Welt« für private Entdeckungsfahrten öffnete, war es vor allem daran interessiert, nach portugiesischem Vorbild an den Gewinnen der Privatunternehmer beteiligt zu werden. Als – um nur ein Beispiel zu zitieren – in einem königlichen Schreiben dem Kapitän Rodrigo Bastidas aus Sevilla das Recht eingeräumt wurde, mit zwei Schiffen »auf Eure Kosten und Gefahr über das besagte Ozeanische Meer zu fahren«, wurden die Güter benannt, die von den königlichen Besteuerungen und Zöllen betroffen waren. So wird in dem

Dokument festgelegt, dass das Königspaar vom Nettogewinn, das heißt nach »Abzug der Ausgaben für Ausrüstung, Fracht und sonstige Kosten«, 25 Prozent »des verbleibenden Restes« für sich beanspruchte. Ein Viertel »von allem Gold und Silber, Kupfer und Blei […] sowie von allen Perlen, Edelsteinen und Juwelen, von allen Sklaven, Schwarzen und dunkelhäutigen Menschen« – und »von allen Monstern und Schlangen«.[48]

Der antike Geograf Strabon oder der römische Universalgelehrte Plinius, die aus ihren Vorlagen wie den Texten des Megasthenes Geschichten von solchen Monstern übernahmen, boten attraktive Erzählmuster. Beide betonten zwar selbst wie viele andere antike Autoren seit Herodot mehrfach, dass sie solche wundersamen Erscheinungen für reine Fiktion hielten. Dennoch gaben sie die alten Beschreibungen wieder, wohl wissend, dass ihre Leser exakt so etwas in ihren Büchern erwarteten. Gleiches gilt für die Autoren der Renaissance. Als am Ende des 16. Jahrhunderts Jean de Léry in seinem 1578 erstmals gedruckten Reisebericht *Histoire d'un voyage fait en la terre du Brésil, autrement dite Amérique* versuchte, seine Eindrücke in Brasilien zu sortieren, rekurrierte er durchaus zeittypisch auf seine Lektüre antiker Autoren. Alles in Amerika sei so anders als in Europa, Asien und Afrika, »dass man es im Vergleich mit uns zu Recht eine ›Neue Welt‹ nennt«. Er müsse zugeben, dass er die antiken Autoren völlig neu einschätze: »Ich schäme mich nicht zuzugeben, [dass] ich die Meinung geändert habe, die ich früher über Plinius und andere hatte, wenn sie fremde Länder beschrieben, denn ich habe ebenso phantastische und ungeheuerliche Dinge gesehen als die bei ihnen erwähnten Dinge, die man ehedem für unglaubwürdig hielt«.[49] Die Ursprünge und Übernahmen solcher Imaginationen und Monsterphantasien des Mittelalters lassen sich heute gut nachzeichnen,[50] ebenso, wie sie den Weg auf Karten der Frühen Neuzeit fanden.[51] Erst im 17. Jahrhundert, so lässt sich dabei feststellen, verschwinden diese Kreaturen allmählich von den neugezeichneten Land- und Seekarten.

Zur gleichen Zeit befeuerte allerdings der Niederländer Theodor de Bry mit seinen Söhnen die zeitgenössischen Vorstellungen von den Schrecken der Neuen Welt – oder reagierte, wie der große Verkaufserfolg seiner Drucke zeigte, geschäftstüchtig auf die Wünsche und Erwartungen der Käufer. Zwischen 1590 und 1634 druckte er fünfundzwanzig Foliobände unter den Titeln *America* und *India Orientalis*, in denen Reiseberichte aus der Neuen Welt gesammelt wurden.[52] Ihre ungeheure Wirkung entfalteten die Bände aber nicht durch die Wiedergabe und Übersetzung der *älteren* Berichte, sondern durch die Illustration der Erzählungen in 600 farbigen Kupferstichen. Sie zeigten – oft auf reiner Phantasie beruhend – alle Schrecken der Neuen Welt und prägten für 200 Jahre das Bild von den »Wilden« in den neuentdeckten Ländern. In regelrechten Horrorszenarien extremer Gewalt werden die Bewohner in Übersee als Gegenbilder der zivilisierten Christen gezeichnet. Solche Bücher verkauften sich noch 200 Jahre nach der ersten Inaugenscheinnahme Amerikas glänzend. Sie wiederholten bis ans Ende des 16. Jahrhunderts trotz mittlerweile besserer Kenntnisse die frühen Nachrichten der Seefahrer. Es schien, wie der Historiker John H. Elliott nach Durchsicht zeitgenössischer Chroniken, ja selbst der Autobiografie Karls V. überrascht feststellt, »als hätten die Europäer an einem bestimmten Punkt sozusagen im Geiste die Jalousien heruntergelassen, als hätten sie sich, auf einmal überfordert von den vielen Dingen, die es da zu sehen, aufzunehmen und zu verstehen gab, wieder in das Halbdunkel ihrer alten Geisteswelt verkrochen.«[53]

Wenn man dieses Phänomen positiv wenden will, so kann man das beobachtbare Unverständnis für »Flora und Fauna oder […] die Eigentümlichkeiten seiner Bewohner« auch als Herrschaftsinstrument verstehen. Wundergeschichten waren demnach Bestandteil von Machtanspruch und Herrschaftslegitimation, oder wie der Literaturwissenschaftler Stephen Greenblatt zusammenfasste: »Das Wunderbare ist also ein zentrales Merkmal des ganzen komplexen, verbalen und visuellen, philosophischen und ästhetischen, geistigen und emotionalen Repräsentationssystems, mittels dessen die Europäer des Spätmittelalters und der Renaissance das Unvertraute, das Fremde, das Schreckliche, das Wünschens- und das Hassenswerte in Besitz nahmen oder verwarfen.«[54]

Im Archiv von Sevilla finden sich abgesehen von dem zitierten, im Jahr 1500 vom Königspaar für den Kapitän Rodrigo Bastidas verfassten Schreiben zahlreiche Dokumente, in denen das Staunen über die Flora und Fauna der Neuen Welt thematisiert wird. Auch begegnen verschiedentlich Nachrichten, in denen von einheimischen Augenzeugen die Rede ist, die Wunderbares gesehen haben wollen. Solches setzte sich – angesichts der neuartigen Tier- und Pflanzenwelt der frisch entdeckten Länder wenig überraschend – für Generationen fort.

Welche Reflexionsstufen und Erkenntnisinteressen im 16. Jahrhundert aber gleichzeitig zu beobachten waren, lässt sich am sogenannten *Codex Florentinus* studieren, einem echten Solitär zeitgenössischer Berichte aus der Neuen Welt. Unter diesem Namen firmiert das heute in der Biblioteca Medicea Laurenziana in Florenz aufbewahrte letzte umfangreiche Exemplar der *Historia General de las Cosas de la Nueva España* (Allgemeine Geschichte Neu-Spaniens), an der Bernardino de Sahagún zwischen 1540 und 1585 arbeitete. In diesem Werk schildert Sahagún das Aztekenreich, nachdem er intensive Recherchen bei Einheimischen angestellt hatte, zu denen Befragungen in verschiedenen indigenen Sprachen gehörten. Die *Historia* wurde auf Spanisch und in Nahuatl verfasst, der Sprache der einheimischen Azteken und benachbarten Stämme Mexikos. Dies ist sehr bedeutsam, da die spanische Inquisition unter Führung der Bischöfe Fray Juan de Zumárraga und Diego de Landa beispielsweise alle Texte der Maya und anderer Kulturen in einheimischen Sprachen vernichtet hatte. Sahagúns Text behandelte die Sozialstruktur, Götterwelt und anderes mehr und warf auch ein bemerkenswertes Licht auf die dramatischen Folgen, die die spanischen Gewaltexzesse, Plünderungszüge und von den Konquistadoren eingeschleppten Krankheiten für die Azteken hatten. Besondere Beachtung verdient der von Sahagún aufgenommene Text in Nahuatl, nicht nur aus sprachhistorischer Sicht. In diesen Abschnitten haben die aztekischen Übersetzer immer wieder unverhohlene Kritik an den Kolonisten eingeflochten. Sahagúns vielfältige Interessen, die Verwendung lokaler Sprachen und die Illustration des Werks mit mehr als 1800 Bildern gelten zu Recht als frühe Form der Ethnografie.

Es verwundert allerdings nicht, dass der Indienrat in Sevilla nicht nur die Veröffentlichung verhinderte, sondern auch versuchte, alle zugehörigen, in einheimischen Sprachen abgefassten Manuskripte zu konfiszieren – aus Furcht, die Unterworfenen könnten hieraus Selbstbewusstsein entwickeln und sich gegen die Eroberer wenden. Dass im Archiv von Sevilla selbst in vielen Dokumenten Begriffe einheimischer Sprachen aufgelistet wurden, steht auf einem anderen Blatt. Die Beteiligten wollten schlicht Verwaltung und Erhebung von Abgaben erleichtern.

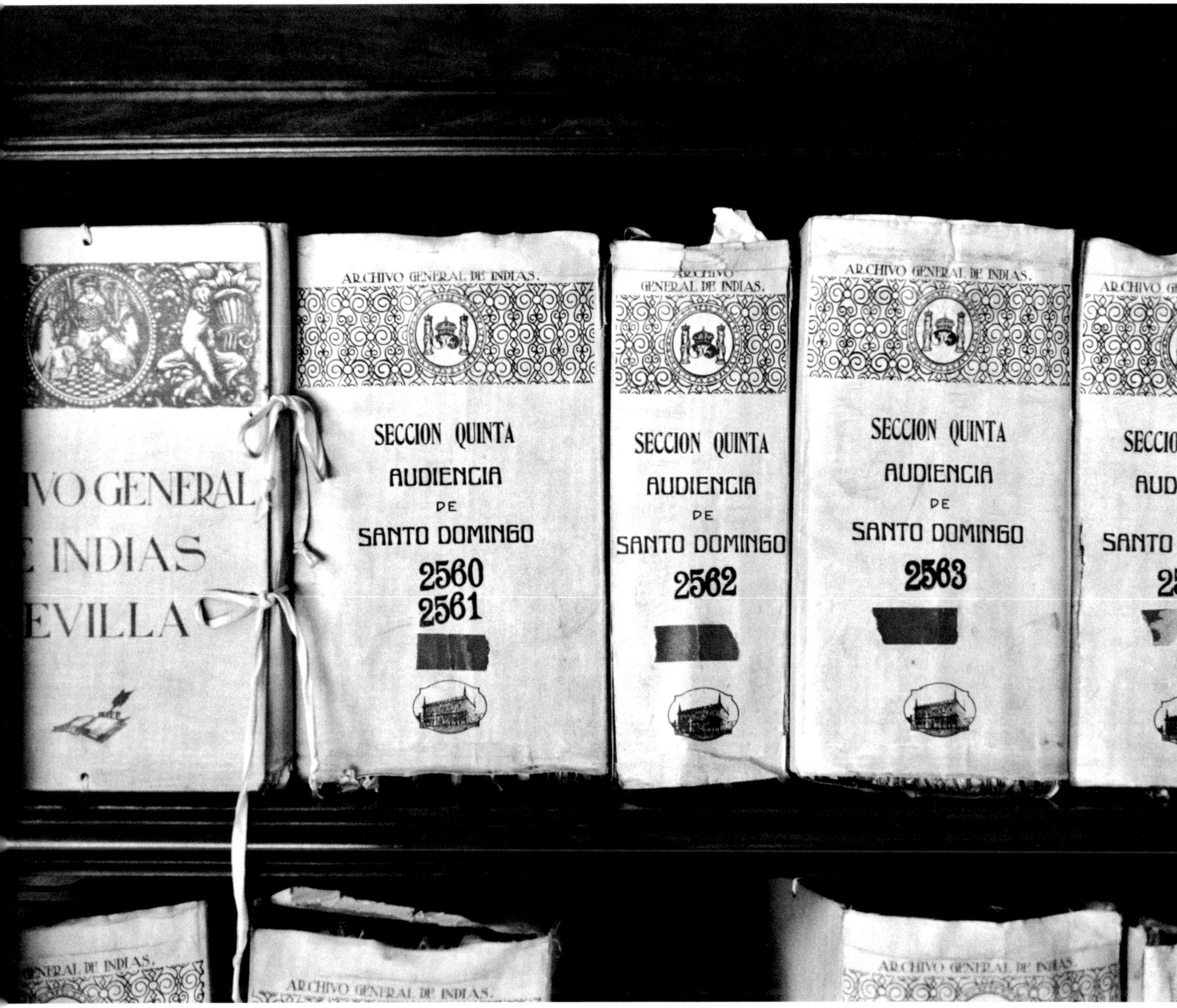
ARCHIVO GENERAL DE INDIAS.
SECCION QUINTA
AUDIENCIA
DE
SANTO DOMINGO
2560
2561
ARCHIVO GENERAL DE INDIAS.
SECCION QUINTA
AUDIENCIA
DE
SANTO DOMINGO
2562
ARCHIVO GENERAL DE INDIAS.
SECCION QUINTA
AUDIENCIA
DE
SANTO DOMINGO
2563
ARCHIVO GENERAL DE INDIAS.
ARCHIVO GENERAL DE INDIAS.

Erzählungen waren demnach trotz solcher Ausnahmen, die wie das Buch von Sahagún wegen der geringen Stückzahl und des Verbots exklusiv blieben und die kaum jemand zu Gesicht bekam, ein zentrales Kommunikationsmedium, um das Wunderbare und Fremde zu beschreiben. Für deutlich mehr Zeitgenossen war die Entdeckung der Neuen Welt wie des Seewegs nach Indien buchstäblich greifbar in den zuvor unbekannten Gütern aller Art, die nun die europäischen Häfen erreichten. Das Archiv in Sevilla enthält zahllose Listen mit importierten Waren und Festlegungen der dafür zu leistenden Abgaben. Edelmetalle, Speisen, Gewürze, exotische Pflanzen und Tiere sowie die als Sklaven angebotenen Fremden aus Afrika und von jenseits des Atlantiks ließen die Zeitgenossen staunen.

Das 16. Jahrhundert war dank der Eroberungen und Entdeckungen der Portugiesen und Spanier ein im wahrsten Sinne Goldenes Zeitalter, gegründet auf Raub und Legenden von unerhörten Schätzen. Gerade mit Spanien verbindet man seither einen regelrechten »Goldhunger«, der schier unstillbar zu sein schien.[55] Er hatte deutliche Parallelen zum »Silberhunger« der Römer, über den die Griechen klagten und den Rom pikanterweise einst in Spanien zu stillen versuchte.[56] Bernardino de Sahagún ließ Azteken selbst die neuzeitliche spanische Gier nach Gold beschreiben: »Sie [die Spanier] dürsten mächtig nach Gold, ihr Körper streckt sich, sie werden wie wild vor Hunger danach. Wie hungrige Schweine waren sie gierig nach Gold.«[57]

Diese Gier war allerdings oft geweckt worden von Erzählungen, die vor allem aus Übertreibungen und dreisten Lügen bestanden. Den reisenden Seeleuten hatte man Reichtümer in Aussicht gestellt, deren Existenz man gar nicht geprüft hatte oder prüfen konnte. Die tatsächliche

Ausplünderung Süd- und Zentralamerikas durch die Konquistadoren folgte allerdings – ohne dass das Verhalten beschönigt werden soll – oft wirtschaftlichen Zwängen, unter denen die Akteure standen. Für ihre Expeditionsfahrten hatten sie hohe Kredite aufgenommen, die zurückgezahlt werden mussten. Die Mannschaften erhielten als Lohn eine Beteiligung an den geraubten Gütern – Regelungen, die an die Beutepraxis der antiken römischen Legionen erinnern. Die Adligen, die sich auf den Weg machten, wollten sich durch Raubgüter unter ihresgleichen standesgemäß etablieren und Spielräume für Investitionen erschließen.

Ein typischer Vertreter dieser Gruppe war bekanntlich Hernán Cortés, der 1518 eigenmächtig, mithin als Rebell, ein Invasionsheer gegen die Azteken aufgestellt hatte und damit zum wirtschaftlichen Erfolg verdammt war. Er nahm – mit wenigen hundert Soldaten inmitten eines Reiches mit mehreren Millionen Einwohnern – den Aztekenherrscher Moctezuma als Geisel und ließ sich die Goldminen zeigen. Dies war der Anfang vom Ende des Aztekenreichs, das in den folgenden beiden Jahrzehnten im Zuge von Gewalt, vor allem aber Epidemien mit rund 15 Millionen Toten einen ungeheuren Preis zahlte. 100 Jahre später waren nur noch drei Prozent der einst 25 Millionen Indios, die zu Beginn des 16. Jahrhunderts die Region bevölkerten, am Leben.

Die von Cortés nach Spanien verschifften Schätze, insbesondere der Schatz Moctezumas, beflügelten freilich die Phantasie seiner Zeitgenossen. So schrieb der Maler Albrecht Dürer, nachdem er die Kostbarkeiten bestaunt hatte, 1520 in sein Tagebuch: »Auch hab ich gesehen die dieng, die man dem könig auß dem neuen gulden land gebracht: ein gancz guldene sonnen […] und allerley wunderbahrlicher ding zu maniglichem brauch, das do viel schöner an zu sehen ist dan wunderding […] Und ich hab aber all mein lebtag nichts gesehen, das mein hercz also erfreuet hat als diese ding.«[58]

Immer neue Mythen über den Reichtum Amerikas entstanden. Tausende von Abenteurern machten sich im Goldrausch auf den Weg nach Mexiko und Südamerika. Die in dieser Zeit aufkommende Legende von El

Dorado, der mythischen Goldstadt inmitten des südamerikanischen Kontinents, lockte für viele Jahrhunderte unzählige Reisende über den Atlantik. Erst Alexander von Humboldt sollte um 1800 diese wirkmächtige Legende, der Abertausende von Einheimischen durch die gewalttätigen Goldsucher zum Opfer fielen, als Fabel entzaubern. Zu solchen Märchen gehörten auch die Erzählungen von den »Sieben Städten von Cibola« in Mexiko. Auch ihr folgten Eroberer bis an den Pazifischen Ozean. Einheimische nahmen solche Legenden gern auf, um die Eroberer in immer entlegenere Regionen zu schicken und so elegant loszuwerden.

Nach solchen Reichtümern zu suchen wurde auch durch politische und militärische Bedrohungen befördert, denen man sich im heimischen Mittelmeerraum ausgesetzt sah. Dass man schon zu Beginn des 16. Jahrhunderts angesichts der Neuen Welt ein Goldenes Zeitalter gekommen sah, hatte abgesehen von den Reichtümern, die beinahe täglich in den Häfen anlandeten, und den neuen Perspektiven, die sich in Übersee boten, noch einen anderen Grund: eine andere, seit einigen Jahrhunderten forcierte Teilung der Mittelmeerwelt.

Die militärischen Erfolge der Entdecker in der Neuen Welt wiesen aus Sicht der Könige wie der Päpste zugleich jene östlichen Mächte in ihre Schranken, von denen sich der christliche, katholische Westen massiv bedroht sah. Die Mittelmeerwelt des 16. Jahrhunderts war nämlich zu großen Teilen eine islamische Welt, denn der Osten und ganz Nordafrika waren in Händen der Muslime. Das Osmanische Reich dehnte sich nach dem Fall Konstantinopels in der zweiten Hälfte des 15. Jahrhunderts bereits bis auf den Balkan aus. Diese Teilung der Mittelmeerwelt erinnerte weniger an den Zerfall des Römischen Reiches in ein West- und Ostreich, sondern angesichts der Feindschaft der Religionen vielmehr an die griechische Teilung in europäische Zivilisation und asiatisches Barbaricum. Daher musste die in griechischer Tradition stehende Teilung mit aller Vehemenz aktualisiert werden.

Ein Beispiel für die dabei angewandten Erzählmuster mag genügen: Schon im 15. Jahrhundert hatte Enea Silvio Piccolomini (1405–1464), der ab 1458 als Papst Pius II. der Kurie vorstand, im Sinn der alten antiken Weltenteilung in Europa und Asien klare Abgrenzungen vorgenommen. Unter dem schockierenden Eindruck des Falls von Konstantinopel im Jahr 1453 forderte der Papst in seinen Schriften, die Türken aus einer gemeinsamen Tradition antiker Gründungslegenden auszuschließen, in denen Troia die Hauptrolle spielte. In diese Tradition waren sie wie alle europäischen Mächte und Reiche seit dem 7. Jahrhundert integriert worden. Ja, der Sieg über die verhasste orthodoxe griechische Kirche wurde von den Gelehrten um Mehmet II., den Eroberer Konstantinopels, gar als Rache für den Fall Troias propagiert. Solchen Versuchen, die muslimischen Eroberer in die alten troianischen Gründungsmythen europäischer Mächte aufzunehmen, trat der Papst nun aufs heftigste entgegen. Pius II. versuchte mit Hinweis auf antike Autoritäten nachzuweisen, dass die Türken von den Skythen abstammten, dem »schmutzigsten und schimpflichsten Stamm, verhurt in allen Sorten der Unzucht«. Die Türken seien nicht Teil einer gemeinsamen Tradition, sondern geradezu Bekämpfer der westlichen *studia humanitatis*.[59]

Diese als massive Bedrohung der Christen wahrgenommene Expansion des Islam belastete die europäischen Länder wie die römische Kurie schwer. Die Teilung der Mittelmeerwelt und die islamische Kontrolle des Ostens versuchte man zu neutralisieren und zu überwinden, indem man weniger den großen militärischen Konflikt auf dem Balkan oder in Kleinasien anstrebte, sondern vielmehr, indem man lieber gleich eine neue Welt erschloss. Sie sollte das Verlorene kompensieren – oder besser noch übertreffen. So bot beispielsweise der Seeweg nach Indien um die Südspitze Afrikas die Chance, die Kontrolle der alten Seidenstraße durch die Araber buchstäblich zu umschiffen.

Mit Cortés, der Eroberung des Aztekenreichs und den Phantasien über sagenhafte Goldschätze war freilich schon ein Höhepunkt der Expansionsgeschichte erreicht. Doch auch der europäische Widerstand gegen den Islam hatte zu diesem Zeitpunkt eine lange Geschichte. Auf der Iberischen Halbinsel war es den Portugiesen im Zuge der *Reconquista* bereits seit dem 13. Jahrhundert gelungen, die Mauren, von den Arabern islamisierte Berberstämme, zu besiegen und die Grenzen Portugals bis an die Meerenge von Gibraltar auszudehnen. Seit 1415 fassten die Portugiesen auf dem nordafrikanischen Kontinent Fuß. Festungen wurden gebaut und Handelsniederlassungen gegründet. Unter der Führung von Prinz Dom Henrique (auch »Heinrich der Seefahrer«) wurden der Atlantik und die Westküste Afrikas erforscht. Das Handelsmonopol der Muslime, das vor allem Sklaven und Gold betraf, wurde nach und nach aufgebrochen. 1486 erreichten die Portugiesen schließlich die Südspitze Afrikas und gaben dem dortigen Vorgebirge den Namen *Boa Esperança* (Kap der Guten Hoffnung), erwartete man doch, von hier aus endlich nach Indien zu gelangen. Fieberhaft arbeitete man an Präzisierungen der Navigation, der geografischen Kenntnisse und einem Flottenprogramm. Mit der Karavelle war bereits ein Schiffstyp entwickelt worden, der ausgezeichnet für Fernreisen taugte.

1482 schlug der aus Genua stammende Seefahrer Christoph Kolumbus dem portugiesischen König vor, gen Westen zu segeln und einen anderen Weg nach Indien zu erkunden. Da er hier auf taube Ohren stieß, wandte er sich 1492 an das spanische Königspaar Ferdinand II. und Isabella, das ihm Schiffe zur Verfügung stellte und so die Entdeckung Amerikas ermöglichte. Schlag auf Schlag erfolgten auf Seiten Portugals wie auf Seiten Spaniens neue Entdeckungen. Beinahe jährlich gab es erfolgreiche Expeditionen in neue Länder. Die Portugiesen konzentrierten sich auf die Ostküste Afrikas (Madagaskar, Mosambik), den Indischen Ozean (Malakka, Colombo, China) und Südamerika. Die Entdeckung Brasiliens (1500) und die ersten Nachrichten über Ländereien, die man später Neufundland, Labrador und Neuschottland nannte, führte ihnen vor Augen, dass südlich wie nördlich der von Kolumbus entdeckten Länder und Inseln ein riesiger Kontinent existierte.

Die Zeitgenossen verfolgten mit Spannung die Berichte der Seefahrer über fremde Völker und bewunderten die neuartige Fauna und Flora, die man in Bildern und als Handelsgüter zeigte. Der Handel mit Gewürzen und anderen Reichtümern des Ostens, vormals in Händen der Muslime, wurde fortan von Portugal dominiert. Die Teilung der Mittelmeerwelt in den christlichen Westen und den islamischen Osten war somit partiell überwunden, zumindest was den eigenen Profit betraf.[60] Mit Genugtuung registrierte man zudem, dass Granada im gleichen Jahr der Entdeckungsfahrt 1492 den Muslimen entrissen worden war und fortan unter christlicher Herrschaft stand. Mit Beifall wurden die Zwangstaufen bedacht, die der Generalinquisitor und Kardinal Francisco Jiménez de Cisneros 1499 unter den letzten Muslimen in Granada und andernorts befahl – dies betraf die sogenannten Mudejaren, deren muslimischer Glaube zunächst unter christlicher Oberhoheit geduldet worden war. Trotz der Behauptung, dass die Muslime in Spanien besiegt und sämtlich zwangsgetauft waren, erwiesen sich Erzählungen über muslimische Piraten, die die Meere weiterhin unsicher machten und Christen zur Konversion zwangen, als langlebig und fanden sich gehäuft noch im 18. Jahrhundert.[61]

Zumindest in Kastilien schienen zeitgleich mit dem Beginn der amerikanischen Eroberungen die Muslime unterworfen zu sein. In der Phantasie erwartete man auf dieser Grundlage in Übersee immer neue, noch unbekannte Reichtümer. Dabei stand den Zeitgenossen jederzeit lebhaft vor Augen, welche Gefahren die Seeleute auf sich nahmen, zumal häufig Havarien oder Todesfälle zu vermelden waren. Auch diese sind im Archiv von Sevilla dokumentiert. Antonio de Guevara (um 1480–1545), ein bedeutender und im frühen 16. Jahrhundert viel gelesener Gelehrter am Hof Karls V., resümierte nach eigenen Schiffspassagen: »Denn ein Mensch, der zur See fährt und das nicht etwa tut, um sein Gewissen zu entlasten, seine Ehre zu verteidigen oder sein Leben zu bestreiten, der ist entweder ein Narr, lebensmüde oder gehört eingesperrt, denn er muss wahnsinnig sein.«[62] Männer, die »ihr Leben bestreiten mussten«, gab es freilich zur Genüge. An Seeleuten mangelte es in den Häfen Portugals und Spaniens jedenfalls nicht, sodass immer neue Abenteurer und Glücksritter aufbrachen. Daran änderten auch Schreckensgeschichten wenig, so dramatisch sie auch klangen: Als Álvar Núñez Cabeza de Vaca 1542 sein Buch über seine desaströse Expedition des Jahres 1527 und die von ihm selbst erlebten Schiffbrüche unter dem Titel *Naufragios o La relación y comentarios del governador Alvar Nuñez Cabeça de Vaca, de lo acaescido en las dos jornadas que hizo a las Indias* veröffentlichte, konnte dies als Entzauberung der Entdeckungsmythen gelesen werden, änderte aber grundlegend wenig.[63] Für viele Jahrzehnte erzählte man weiter von Wunderwelten und unerschöpflichen Reichtümern.

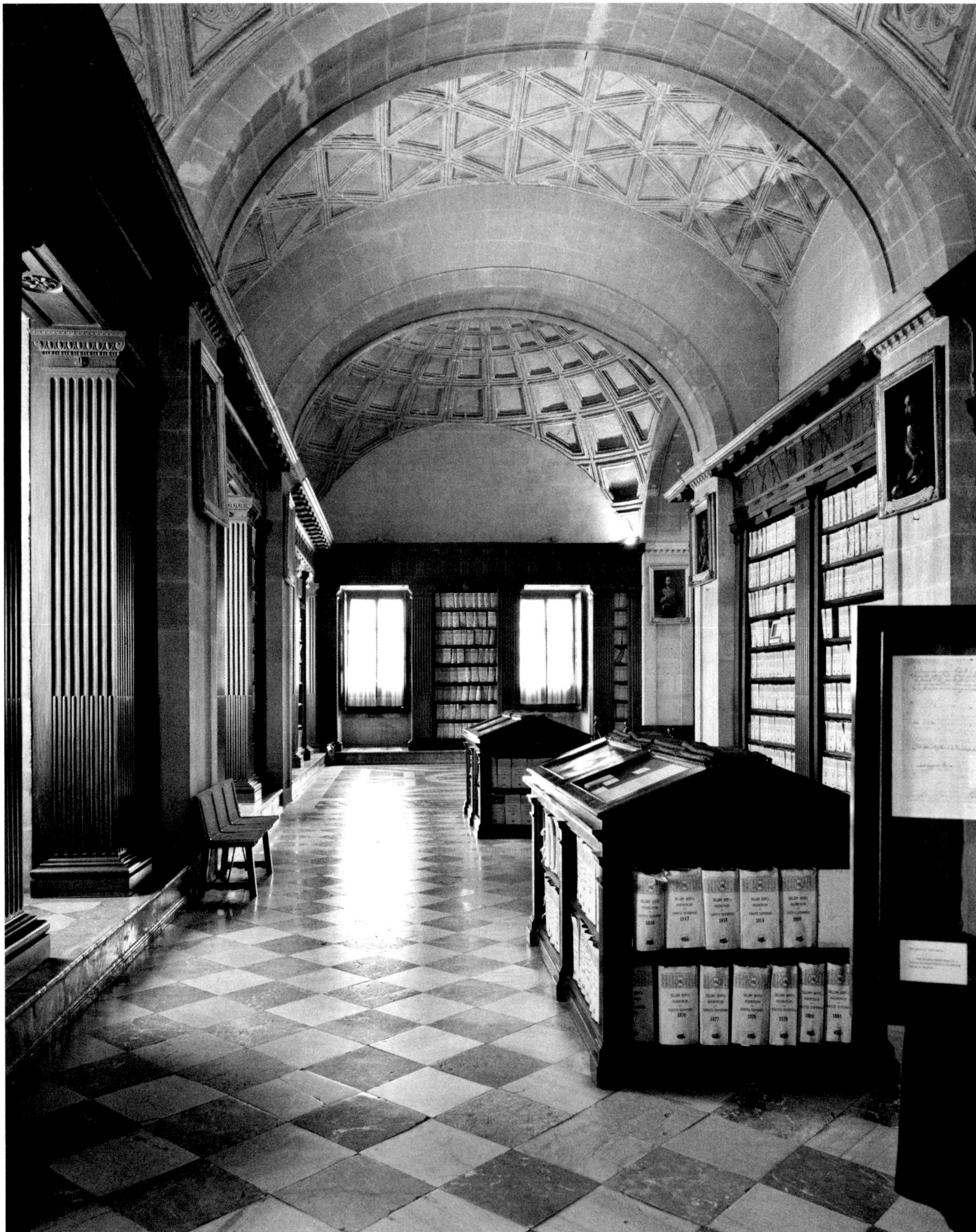

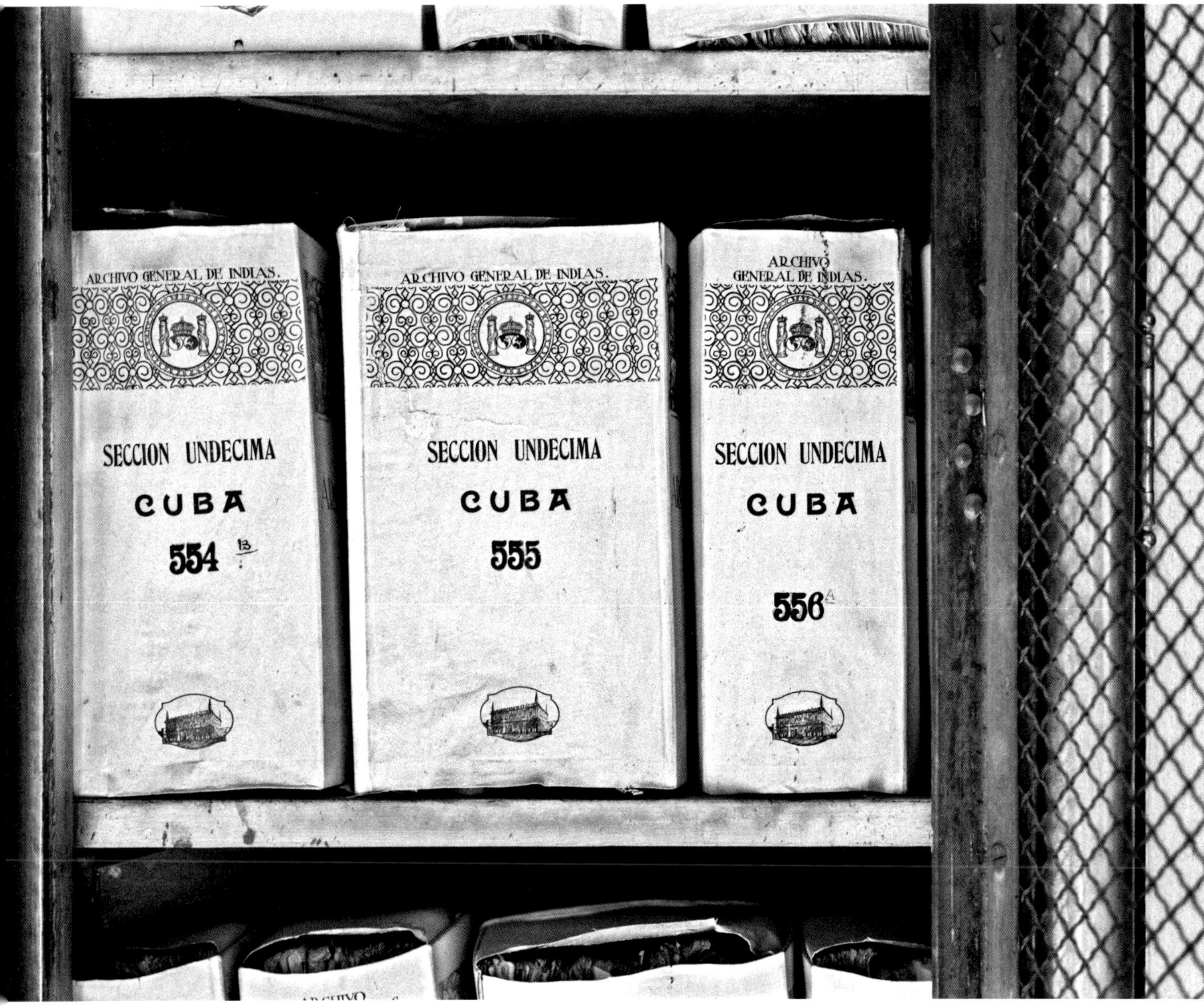
ARCHIVO GENERAL DE INDIAS.
SECCION UNDECIMA
CUBA
554
ARCHIVO GENERAL DE INDIAS.
SECCION UNDECIMA
CUBA
555
ARCHIVO GENERAL DE INDIAS.
SECCION UNDECIMA
CUBA
556

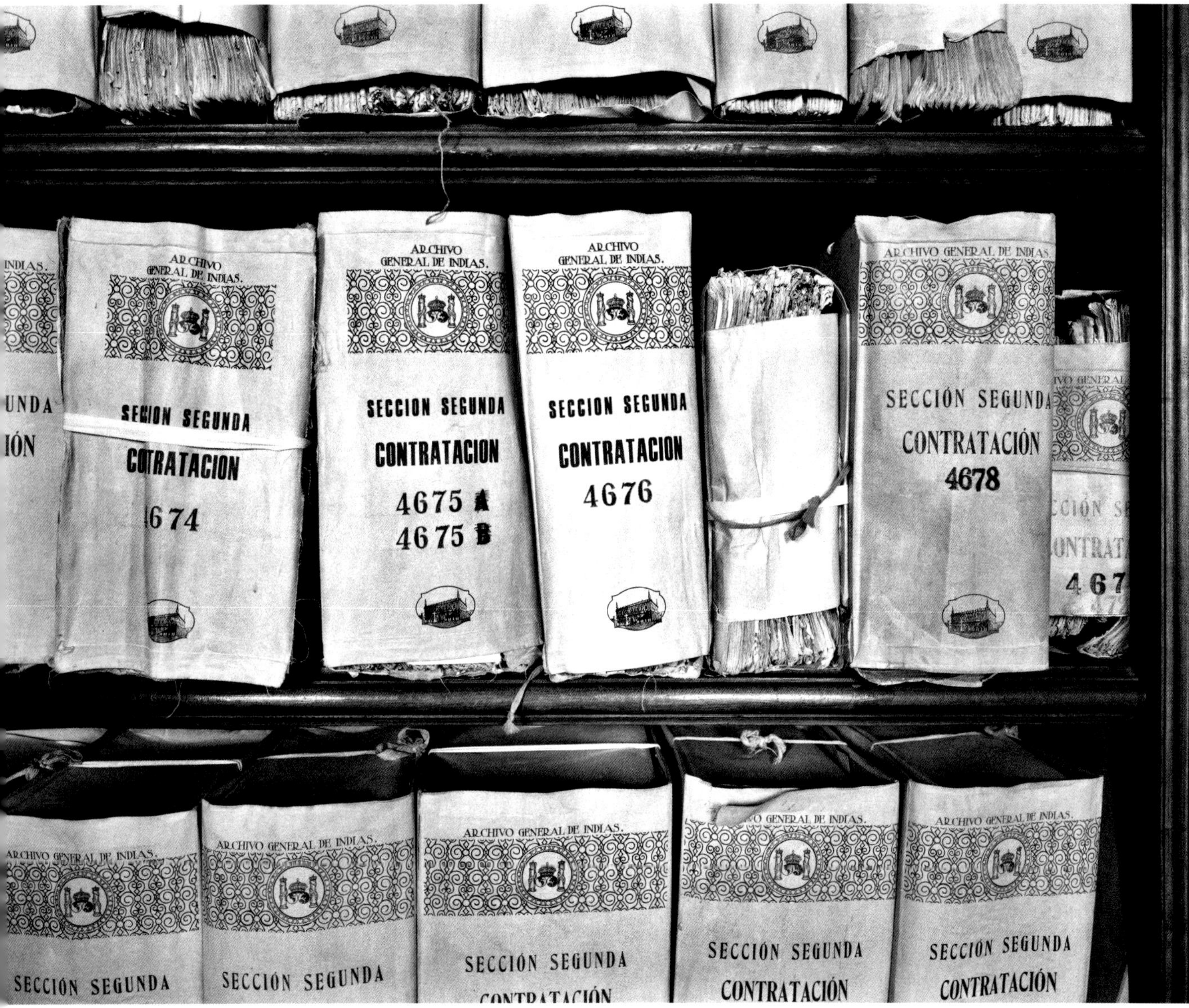
ARCHIVO GENERAL DE INDIAS.
SECCION SEGUNDA
CONTRATACION
4675 A
4675 B
ARCHIVO GENERAL DE INDIAS.
SECCION SEGUNDA
CONTRATACION
4676
ARCHIVO GENERAL DE INDIAS.
SECCIÓN SEGUNDA
CONTRATACIÓN
4678
ARCHIVO GENERAL DE INDIAS.
SECCIÓN SEGUNDA
ARCHIVO GENERAL DE INDIAS.
SECCIÓN SEGUNDA
ARCHIVO GENERAL DE INDIAS.
SECCIÓN SEGUNDA
ARCHIVO GENERAL DE INDIAS.
SECCIÓN SEGUNDA
CONTRATACIÓN
ARCHIVO GENERAL DE INDIAS.
SECCIÓN SEGUNDA
CONTRATACIÓN

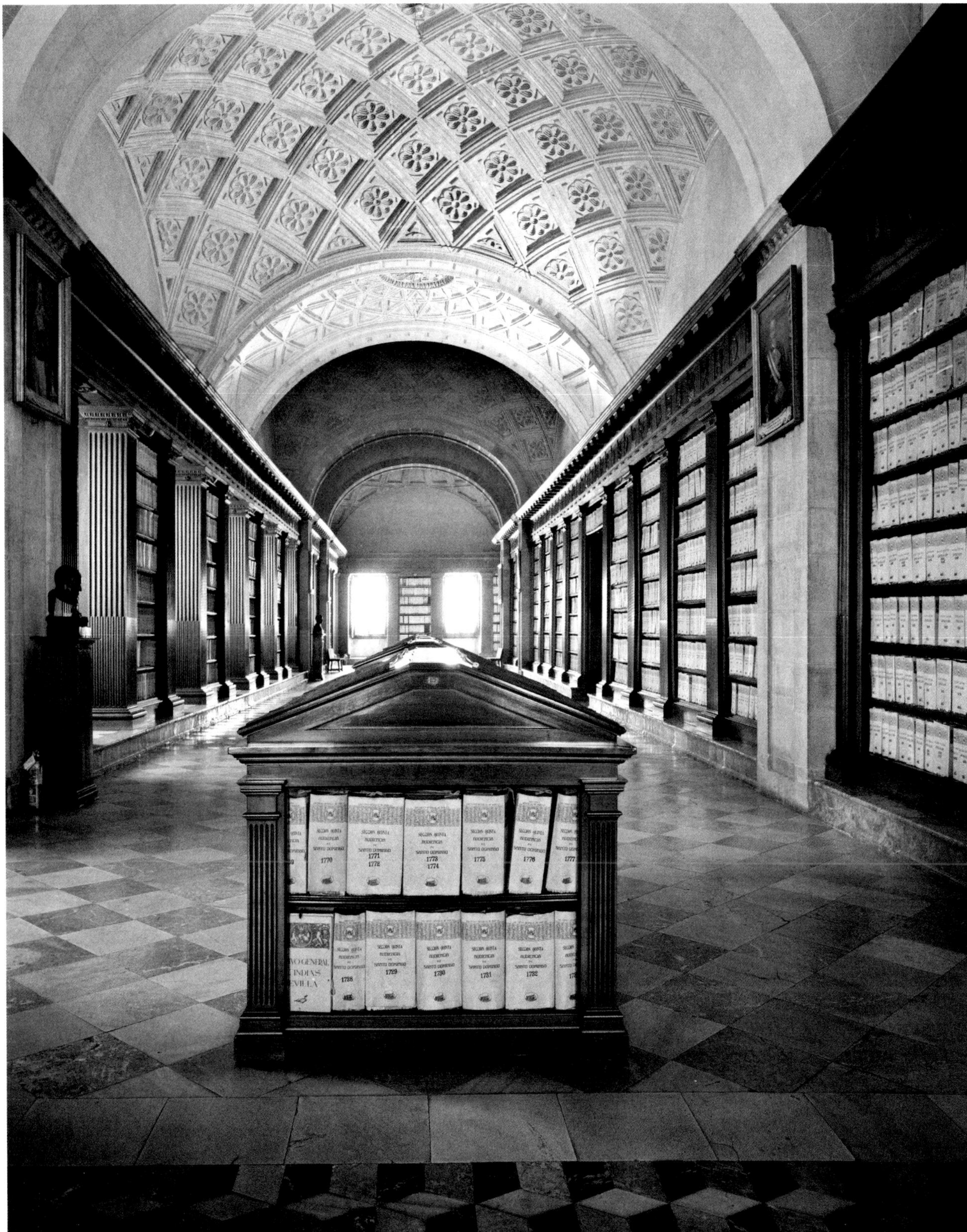
1770
1771
1772
1773
1774
1775
1776
1728
1729
1730
1731
1732

V. Die Neue Welt als Fest: Expansion und Gabentausch

Die Päpste in Rom beobachteten mit großem Interesse die neuen Entdeckungen. Ihnen musste angesichts der muslimischen Expansion daran gelegen sein, die alte Vorherrschaft der Kirche nun ebenfalls über diese Neue Welt zu sichern. Es ging demnach nicht zuletzt um zumindest ideelle oder besser religiöse, aber selbst aus Sicht der christlichen Kirche auch finanzielle Kompensation für verlorene Herrschaftsgebiete. Die Weltherrschaft war der Kirche angeblich bereits im 4. Jahrhundert durch die sogenannte Konstantinische Schenkung zugesichert worden. Diese Urkunde war zwar längst, unter anderem in einer 1440 durch Lorenzo Valla veröffentlichten Schrift, als Fälschung entlarvt worden.[64] Das indes kümmerte die katholische Kirche wenig. Ungeachtet solcher klaren philologischen Beweise galt es nach wie vor, die Oberherrschaft der Kurie auch in den neuen Ländern zu beanspruchen und zu sichern.

Seit dem 15. Jahrhundert gab es zu diesem Zweck vielfältige diplomatische Aktivitäten. Welche Initiativen zeittypisch waren, lässt sich aufgrund einer besonderen Quellenlage exemplarisch und besonders deutlich bei dem bedeutenden Renaissancepapst Leo X. studieren. Aus dem Hause der Medici in Florenz stammend, gelangte er 1513 auf den Apostolischen Stuhl. Er konnte in seiner Kommunikation mit den neuen Kolonialmächten, insbesondere mit Portugal, an eingespielte Rituale seiner Vorgänger anknüpfen. Aber ein spezieller Kontakt spielte für rund zehn Jahre eine besondere Rolle für Leo X. – nämlich der in vielen Schriftstücken nachvollziehbare Austausch mit dem portugiesischen König Manuel I.[65]

Dieser hatte gut zwanzig Jahre vor Beginn des Pontifikats Leos X. im Jahr 1495 und zu Beginn seines eigenen Königtums die Entdeckung des Seewegs nach Indien durch Vasco da Gama mitverfolgt. In den folgenden

Jahren festigte Portugal seine Herrschaft entlang dieses Seewegs und in Indien selbst. Die Päpste in Rom begleiteten jene Politik durch zahlreiche Bullen und Breves, in denen Portugal der Besitz der neuen Gebiete bestätigt wurde. An solche Initiativen also konnte Leo X. anschließen, was ihm durch Manuel I. erleichtert wurde. Dieser baute ihm gewissermaßen goldene Brücken, indem er ein altes diplomatisches Ritual äußerst geschickt und aufsehenerregend nutzte. Es gehörte zur traditionellen Gepflogenheit, dass die Könige die neuen Päpste durch eine Huldigungsmission anerkannten, bei welcher der Austausch von kostbaren Geschenken üblich war. Ein solcher Gabentausch unter den Herrschenden stand seit der Antike für eine symbolische Übereinkunft, für gegenseitige Wertschätzung und die Versicherung, zukünftiges gemeinsames Handeln anzustreben. Diese Gesandtschaften gaben den Machthabern um 1500 zugleich Gelegenheit, ihre Reichtümer zur Schau zu stellen und Unterstützung der Kurie zu erbitten. Manuel I. wählte schon 1505, als Julius II., der Vorgänger Leos X., Papst wurde, prächtige Gaben aus. Neben einem silbernen Kreuz schickte er viele exotische Tiere für die vatikanischen Menagerien. Im Gegenzug erhielt er eine kiloschwere Goldene Rose und einen geweihten Degen mit Feldherrenhut, beides traditionell kostbare Zeichen päpstlicher Anerkennung für politische wie militärische Leistungen.

Auch Leo X. verfolgte selbstverständlich mit großem Interesse die portugiesischen Eroberungen. Im Januar 1514 schrieb er an Manuel I., dass er dank der erfolgreichen Eroberungen erwarte, bald ganz Afrika christlich und den Glauben auch in anderen Regionen um den Indischen Ozean verbreitet zu sehen. Manuel I. verknüpfte mit den Nachrichten aus Rom seinerseits die Hoffnung, der Papst könnte ihn bei den geplanten Eroberungszügen auch finanziell unterstützen, denn die Finanzierung der Flottenexpeditionen blieb trotz aller neuen Reichtümer prekär. Zudem führten Spanien und Portugal einen regelrechten diplomatischen Wettkampf um die Anerkennung neuer Eroberungen durch die Kurie, insbesondere in Asien. Es ging um die Kontrolle der Gewürzinseln, der Molukken, die eine Schlüsselstellung im Fernhandel mit Spezereien einnahmen.

Um seinen Interessen Nachdruck zu verleihen, konzentrierte sich Manuel I. auf eine besonders aufwändig gestaltete Huldigungsmission. Geschenke von unvergleichlicher Qualität sollten die Großartigkeit der Eroberungen in Afrika und Asien in einzigartiger Weise materiell vor Augen führen, wobei der Ferne Osten im Zentrum der Aufmerksamkeit zu stehen hatte.

Kostbare Handschriften, chinesisches Porzellan, reich mit Edelsteinen geschmückte Stoffe, ungeheuer wertvolle, eigens angefertigte und mit fernöstlichen Juwelen verzierte Kunstgegenstände sowie die exotischsten Tiere sollten die Mission als Geschenke begleiten. Man wusste in Lissabon, dass Leo X. auf solche Gaben nicht nur vorbereitet war, sondern diese besonders schätzte. Leo X. selbst unterhielt im Vatikan ein Gehege mit Tieren aus aller Welt. Neben einem Gepard, zwei Leoparden, einem persischen Pferd, vielen Papageien und Hunden aus Indien wählte Manuel für die Mission ein besonders aufsehenerregendes Tier: einen vierjährigen weißen Elefanten aus Indien. Er war von seinem indischen Führer, dem Mahout, bestens ausgebildet worden, konnte tanzen und andere Kunststücke vorführen.

Ein Elefant war zweifellos besonders spektakulär.[66] Die Geschichte dieses einen Elefanten, seine Wirkung auf Zeitgenossen und die noch folgenden Generationen bündeln wie in einem Brennspiegel alle Vorstellungen und Hoffnungen, die man mit der Eroberung ferner Länder verband. Das Schicksal des Tieres symbolisiert zugleich, wie Könige und Päpste der Zeit mit höchstem Einsatz alle Repräsentationsformen von weltlicher und kirchlicher Macht durchspielten.

Seit der Antike hatten zwar immer wieder einzelne Potentaten Elefanten erhalten und öffentlich gezeigt. Aber solche Ereignisse ließen sich an einer Hand abzählen. Erst mit der Entdeckung des Seewegs nach Indien kamen einige indische Exemplare dieser Tiere nach Lissabon, wo sie Manuel I. in einem speziellen Stall hielt. In einem Brief vom 6. Juni 1513 berichtete Manuel dem Papst bereits begeistert von den Erfolgen seines Militärs Afonso de Albuquerque in Indien. Dieser habe – so der König voller Begeisterung – auch Elefanten mit nach Lissabon gebracht. Das für

Leo X. ausgewählte Exemplar wurde schließlich mit 43 anderen Tieren auf die Reise geschickt – eine logistische Herausforderung, für die rund 150 Personen abgestellt wurden. Nach Verladung der Tiere auf ein Schiff trat man beherzt die Reise an. Den noch jungen Elefanten hatte man mehr oder weniger sicher zwischen den Masten vertäut.

Schon bei den ersten Zwischenstationen an der spanischen Küste und auf den Balearen zeigte sich jedoch, dass man das Aufsehen, welches das Missionsschiff erregte, unterschätzt hatte. Wo immer man auch anlegte, drängte sich eine laute, neugierige Menschenmenge um die eigentümliche Fracht. Die Seeleute verkürzten schließlich die Reise und segelten ohne weiteren Zwischenstopp direkt nach Porto Ercole in der südlichen Toskana. Die rund 130 Kilometer, die man nun noch auf dem Landweg zurückzulegen hatte, wurden für das Tier und seine Begleiter zur Tortur. Überall drängten sich Schaulustige, um den Elefanten und die fremdartig gekleideten Portugiesen zu bestaunen. Alle Versuche, wenigstens nachts in am Weg gelegenen Villen dem Tier etwas Ruhe zu gönnen, schlugen fehl, ja die Hausherren mussten mitansehen, wie ihre Villen, die Hofmauern und Schutzzäune einfach zerstört wurden, nur um das Tier zu sehen. Anhand einschlägiger Zeugnisse ist gut nachzuvollziehen, welche Spuren das Tier entlang der Reiseroute hinterlassen hat. Ruinierte Villen sowie niedergetrampelte Gärten, verwüstete Wein- und Olivenhaine säumten seinen Weg. Tausende Menschen versuchten, wenigstens einen kurzen Blick zu erhaschen. Das ungewöhnliche Tier, animalisches Symbol einer Neuen Welt, hatte eine ungeheuer dramatische Anziehungskraft und Wirkung – als könnte man heute einen Außerirdischen betrachten.

Am 18. März 1514 erfolgte schließlich der festliche Einzug in Rom, der hinsichtlich des Schmucks und der beteiligten Würdenträger ungeheure Ausmaße hatte und schier alles übertraf, was man bisher gesehen hatte oder in den Annalen der Stadt verzeichnet war. Der Elefant wurde beim Vatikan in einem Stall untergebracht, während für die Folgetage die Audienz der Delegation geplant wurde. Der Papst besah sich die mitgebrachten Geschenke und schrieb Manuel I.: »Als die Truhen geöffnet wurden, waren alle Neugierigen im höchsten Maße erstaunt. […] Denn es schien so, als genügten die eigenen Augen nicht, um all das hinreichend zu bewundern, und als kenne die Sprache nicht in ausreichender Zahl Ausdrücke, um es zu rühmen. Es ist keine Übertreibung […].«[67]

Leo X. war zwar ohnehin beeindruckt von der »Beute aus Libyen, Mauretanien, Äthiopien, Arabien, Persien und Indien«. Doch seine besondere Aufmerksamkeit galt dem Tier: »Aber es war der Elefant, der das größte Erstaunen der gesamten Welt erregte und auch Erinnerungen an die antike Vergangenheit weckte, denn das Auftreten ähnlicher Tiere kam in den Zeiten des antiken Rom recht häufig vor.« Schon die in antiken Triumphzügen gezeigte Beute hatte vor allem die Funktion, Weltherrschaft zu versinnbildlichen; die theatrale Präsentation von Beute und exotischen Tieren wurde daher von der Archäologin Ida Östenberg prägnant unter dem Titel *Staging the World* gefasst.[68] Leo X. sah sich gewissermaßen in der Tradition römischer Kaiser, die Tausende von Tieren in den Amphitheatern präsentierten und abschlachten ließen, um ihre Herrschaft auch über entlegene Regionen der Welt vor Augen zu führen. Diese Zeit schien für den Papst wiedergekehrt, wo doch in den Jahrhunderten zuvor »unsere Stadt die Vormachtstellung verlor«, wie er schreibt. Ein durch das Geschenk Manuels I. angeregtes Gemälde von Andrea del Sarto aus dem Jahr 1520 zeigt Cäsar beim Empfang von Tieren aus Ägypten.[69] Das Bild belegt, dass die Botschaft ankam. Auch die Zeitgenossen nahmen die Geschenke Manuels an den Papst als in dieser antiken Tradition stehend wahr.

Mit beinahe kindlicher Freude besuchte der Papst fortan fast täglich seinen neuen Liebling Hanno, wie man den Elefanten (womöglich in Erinnerung an den karthagischen Seemann, der einst die Westküste Afrikas erkundete) mit Namen rief, und ließ sich unter ausgelassenem päpstlichem Gelächter Kunststücke vorführen und aus dem Rüssel mit Wasser nassspritzen. Bis zum frühen Tod des Tieres, das im Juni 1516 schwer erkrankte und trotz Behandlung durch die besten Ärzte des Papstes innerhalb weniger Tage nach etwas mehr als zwei Jahren Rom-Aufenthalt am 8. des Monats starb, hatten sowohl der Papst als auch die Bevölkerung der Stadt größte

Freude an ihm. Es ist denkbar, dass Leo X. seine Liebe zu dem Tier etwas übertrieb und den Elefanten für eine Repräsentation seines »goldenen« Papsttums instrumentalisierte. Berichten zufolge wurde Hanno nämlich für ein öffentliches Fest komplett mit Goldstaub eingerieben. Da kurz zuvor bereits in Florenz ein Jüngling, den man als Personifikation des Goldenen Zeitalters ebenfalls »vergoldet« hatte, an ebenjenem Goldstaub erstickt war, könnte auch dem Elefanten Ähnliches widerfahren sein.[70]

Dies aber ist unsicher, die Mehrheit der Quellen überliefert, dass eine schwere Angina den Tod Hannos herbeiführte. Der Papst verfügte in tiefstem Kummer, das Tier mit aller Pracht auf dem Gelände des Vatikans beizusetzen. Kein Geringerer als Raffael wurde damit beauftragt, ein Fresko anzufertigen, das den Elefanten in Körpermaßen und Farbgebung der Haut möglichst lebensecht wiedergeben sollte. Als das heute verlorene Bild, von dem sich immerhin eine faszinierende Rötelvorzeichnung erhalten hat, schließlich am Glockenturm neben dem Eingang des Vatikans zu sehen war, erregte es als Beispiel naturalistischer Tierzeichnung höchstes Erstaunen bei den Römern. Leo X. ließ die von ihm selbst erdichtete Grabinschrift von Filippo Beroaldo in lateinische Hexameter übertragen: »Unter diesem großen Hügel liege ich begraben,/Mächtiger Elefant, den König Manuel,/Nachdem er den Orient erobert hatte,/Als Gefangenen an Papst Leo X. geschickt hat. […] Und das, was die Natur geraubt hat,/hat Raffael aus Urbino mit seiner Kunst wiederhergestellt.«[71]

In den folgenden Jahrzehnten blieb der Elefant im Gedächtnis der Zeitgenossen sehr präsent und regte Künstler zu immer neuen Bildnissen und Dichtungen an. Manuel I. und Leo X. blieben bis zu ihrem Lebensende im Jahr 1521 (die beiden starben innerhalb weniger Tage, Leo X. am 1. Dezember; Manuel I. am 13. Dezember) in regem Kontakt. Nach reichen Gegengeschenken, die bereits 1514 von Leo X. nach Portugal entsandt worden waren, tauschte man sich über Wissenschaft, Religion und Künste aus.

Manuel I. hatte mit seiner Huldigungsmission, vor allem aber mit den reichen Geschenken und insbesondere mit dem Elefanten ins Schwarze getroffen. Leo X. konnte das Tier als Beleg für die neue Größe Roms deuten, die der Vatikan – so zugleich die Botschaft des Königs – den portugiesischen Eroberungen verdankte. Die Zusammenstellung der Kostbarkeiten hatte dabei von Beginn an das Ziel, das neue portugiesische Imperium in den Kostbarkeiten buchstäblich abzubilden. Die Übergabe der Geschenke war daher von Vorträgen der Gesandten begleitet, in denen die Vorteile der Eroberungen für die Kirche herausgestellt wurden. Die Okkupation neuer Territorien, die Bekehrung der dortigen Bevölkerung zum Christentum und das neue geografische Wissen wurden in wohlgesetzten Worten vorgetragen – und die Redner verbanden ihre selbstbewusste Schilderung zugleich mit der Bitte Manuels I. um Anerkennung und weitreichende Zugeständnisse von Seiten der Kurie.

Hinter der mit Geschenken beladenen Huldigungsgesandtschaft stand demnach das dringende Anliegen Manuels I., die Herrschaft über weite Gebiete der Welt, vor allem über erst jüngst unterworfene Gebiete auf der anderen Seite der Erdkugel, gegen Begehrlichkeiten Spaniens zu verteidigen. In einer Reihe von Bullen bestätigte Leo X. 1514 gern, dass die Portugiesen zukünftig Herrn all jener Gebiete sein sollten, die östlich einer Demarkationslinie lagen, auf die sich Portugiesen und Spanier bereits im Jahr 1494 geeinigt hatten. Und der Papst ging gegenüber dem König willfährig, aber auch im eigenen Interesse sogar noch weiter und schloss gar zukünftige Erfolge in seinen Zusagen ein. Das Kap Bojador in Nordwestafrika und Nam in Ostindien sollten nicht die Grenzen des portugiesischen Herrschaftsraums markieren. Die Bestätigung des Papstes sollte auch für »jede Region oder Ort, wo auch immer, selbst wenn wir sie vielleicht heute noch nicht kennen sollten«,[72] gelten. Mit dieser Formulierung, die Leo X. am 3. November 1514 in der Bulle *Praecelsae devotionis* wählte, ermunterte er den König, dem portugiesischen Herrschaftsraum durch weitere Unterwerfungen noch mehr Gebiete hinzuzufügen. Die so legitimierte Ausbeutung und Herrschaft waren in den Augen des Papstes zugleich Verpflichtung zur christlichen Mission. Mit dieser wollte der Vatikan spirituell, aber, wie der Gabentausch zeigte, auch materiell am Erfolg der Konquistadoren beteiligt sein.

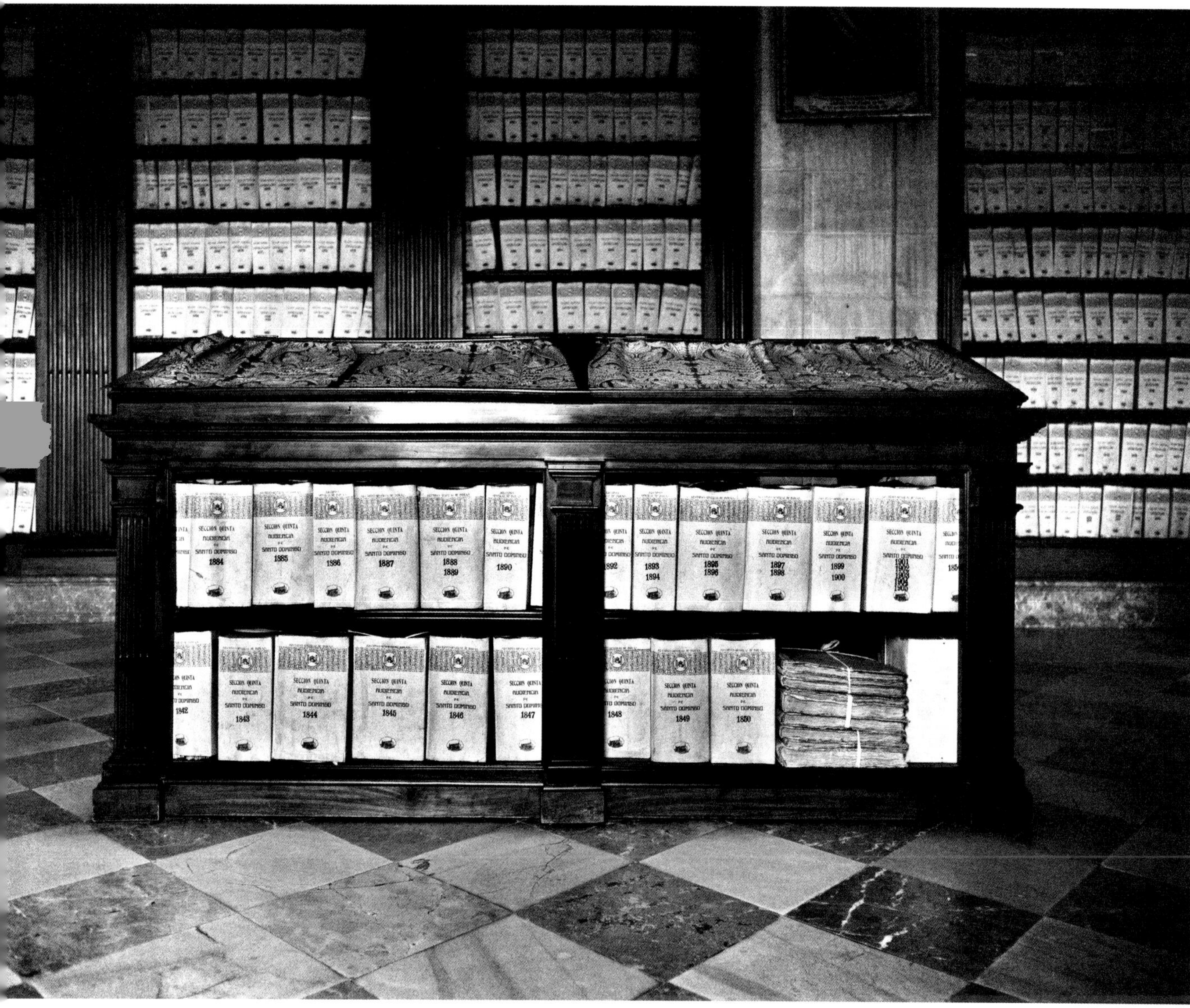
SECCION QUINTA AUDIENCIA DE SANTO DOMINGO 1884
SECCION QUINTA AUDIENCIA DE SANTO DOMINGO 1885
SECCION QUINTA AUDIENCIA DE SANTO DOMINGO 1886
SECCION QUINTA AUDIENCIA DE SANTO DOMINGO 1887
SECCION QUINTA AUDIENCIA DE SANTO DOMINGO 1888 1889
SECCION QUINTA AUDIENCIA DE SANTO DOMINGO 1890
1892
SECCION QUINTA AUDIENCIA DE SANTO DOMINGO 1893 1894
SECCION QUINTA AUDIENCIA DE SANTO DOMINGO 1895 1896
SECCION QUINTA AUDIENCIA DE SANTO DOMINGO 1897 1898
SECCION QUINTA AUDIENCIA DE SANTO DOMINGO 1899 1900
SECCION QUINTA AUDIENCIA DE SANTO DOMINGO 1901
1842
SECCION QUINTA AUDIENCIA DE SANTO DOMINGO 1843
SECCION QUINTA AUDIENCIA DE SANTO DOMINGO 1844
SECCION QUINTA AUDIENCIA DE SANTO DOMINGO 1845
SECCION QUINTA AUDIENCIA DE SANTO DOMINGO 1846
SECCION QUINTA AUDIENCIA DE SANTO DOMINGO 1847
1848
SECCION QUINTA AUDIENCIA DE SANTO DOMINGO 1849
SECCION QUINTA AUDIENCIA DE SANTO DOMINGO 1850

VI. Weltenteilung im Zeitalter der Entdeckungen: Die Verträge von Tordesillas

Der Austausch äußerst wertvoller Geschenke, die Finanzierung schwelgerischen Festlebens in Rom und die Planung weiterer militärischer Eroberungen Portugals im Jahr 1514 entsprachen eingespielten Traditionen der kirchlich-weltlichen Abstimmung unter Potentaten. Zugleich repräsentieren die Inszenierungen, Gesandtschaftsreden und Schreiben der Kurie exemplarisch eine neue Weltordnung. Sie war zwanzig Jahre zuvor mit der berühmten und beinahe sprichwörtlichen *Teilung der Welt* in den zwei Verträgen von Tordesillas entstanden, die Spanier und Portugiesen am 7. Juni 1494 unterzeichneten. Diesen Verträgen wollen wir uns nun zuwenden, nachdem sie bereits mehrfach erwähnt wurden.[73] Die Verträge wie die päpstlichen Schreiben zu dieser Übereinkunft nehmen einen zentralen Platz im Archiv von Sevilla ein. Diese Dokumente waren gewissermaßen die Initialzündung dafür, dass fortan Abertausende von Dokumenten verfasst und archiviert werden konnten, um schließlich in Sevilla ihren Bestimmungsort zu finden.

Die Initiative zu diesen Verträgen ging nach Rückkehr des Christoph Kolumbus von seiner ersten Entdeckungsreise im Jahr 1493 von Spanien aus. Das spanische Königspaar Ferdinand II. und Isabella wollte die Verfügungsgewalt über die neuentdeckten Länder und Inseln im Westen von Papst Alexander VI. bestätigt bekommen. Hintergrund waren ältere Zusagen der Kurie in Rom, die der Konkurrent Portugal einst ausgehandelt hatte. Eine Teilung des Atlantiks war bereits damals beschrieben worden, wenn auch in noch anderer geografischer Ordnung. Papst Nikolaus V. hatte 1454 den Portugiesen die Seefahrt entlang der Küsten Afrikas zugestanden, was schließlich auch die Spanier im Friedensvertrag von

Alcáçovas 1479 anerkannten. Dabei wurden alle Inseln unterhalb der Kanaren den Portugiesen zugesprochen, mithin eine auf Höhe des Kap Bojador parallel zum Äquator verlaufende Breitengradlinie als Grenze zwischen südlichem und nördlichem Atlantik festgelegt.

Mit der Entdeckungsfahrt des Kolumbus gen Westen war eine neue Lage entstanden, die einer modifizierten vertraglichen Regelung bedurfte. Johann II., König von Portugal, und das spanische Königshaus vereinbarten eine jetzt »de polo Ártico al polo Antártico« (von der Arktis zur Antarktis) verlaufende Linie. Kolumbus schlug aufgrund seiner nautischen Erfahrungen eine Nord-Süd-Linie 100 Seemeilen westlich der Kapverdischen Inseln vor. Die Spezialisten der beiden Königreiche empfahlen hingegen – wie Dokumente im Archiv von Sevilla zeigen – eine von Pol zu Pol verlaufende Linie 370 Seemeilen westlich von Kap Verde und den Azoren. Damit blieben die Übereinkünfte von 1479 unberührt, die im ersten der beiden Verträge zudem ausdrücklich bestätigt wurden.

Im zweiten Vertrag ging es allein um den westlichen Atlantik. Nicht nur die hier festgeschriebene Teilung der Welt erregt bis heute große Aufmerksamkeit. Dieser Vertrag ist auch deshalb so berühmt, weil Papst Alexander VI. bereits im Mai des Jahres 1493 in vier Bullen zur Teilung der Einflusszonen Stellung nahm, ja diese auf den ersten Blick Monate vor Vertragsschluss regelrecht festlegte. Rückblickend ist der Eindruck vorherrschend, dass die Kurie vor der Reformation und dem darauffolgenden Zeitalter der Glaubenskämpfe nochmals Allmacht demonstrierte. Oder, wie Ferdinand Gregorovius in seiner Mitte des 19. Jahrhunderts verfassten *Geschichte der Stadt Rom im Mittelalter* pointiert bemerkt: »Dieser Federstrich war die letzte Erinnerung an die kosmische Autorität des römischen Papsttums.«[74]

Entsprechend ablehnend reagierten nach Bekanntwerden des Vertrags die Könige von England oder etwa Frankreich auf die Schreiben des Papstes. »Die Sonne scheint für mich ebenso wie für die anderen. Ich würde gerne die Bestimmung in Adams Testament sehen, die mir meinen Anteil an der Welt verweigert«, schrieb etwa der König von Frankreich.[75]

Noch jüngst hat Jill Lepore in ihrer Geschichte der USA davon gesprochen, der Papst habe eine Aufteilung der Welt verfügt, »als sei er der Gott der Schöpfungsgeschichte«.[76]

Doch ganz so eindeutig, wie es auf den ersten Blick erscheinen mag, liegen die Dinge nicht. Das Schreiben des französischen Königs deutet an, dass es bei der Aufteilung der Neuen Welt letztlich um sehr weltliche Machtpolitik ging. Während in der älteren Forschung davon ausgegangen wurde, der für sein rücksichtsloses Vorgehen bekannte Papst habe mit den Schriftstücken den Streit zwischen den Kontrahenten geschlichtet, demnach selbst in die Verhandlungen eingegriffen, versteht man heute die päpstlichen Schreiben eher als Erfolg spanischer Diplomatie. Ferdinand II. und Isabella, die im Jahr 1492 maßgeblich die Wahl des Spaniers Rodrigo Borgia zum Papst Alexander VI. mit durchgesetzt hatten, verfügten über direkte Kontakte zur Kurie und zur päpstlichen Kanzlei. Man nimmt an, dass die Bullen sogar von der spanischen Kanzlei formuliert wurden, um in den Verhandlungen mit Portugal eine ausgezeichnete Ausgangsposition zu haben. Alexander VI. habe die Bullen am Ende nur unterzeichnet und ausschließlich an das Königshaus in Spanien, und nicht nach Lissabon, gesandt – weshalb sich noch heute die Originale in Sevilla finden lassen. Die Spanier besaßen damit ein nach mittelalterlichen Rechtsvorstellungen bindendes Dokument, da der Papst bei Zuwiderhandlungen mit Exkommunikation drohen konnte.

Alexander VI. war jedenfalls ein idealer, weil besonders skrupelloser Partner der spanischen Machtinteressen. Dass sich der berühmt-berüchtigte Borgia-Papst in Anlehnung an den antiken makedonischen Eroberer Alexander nannte, sollte schon bei seiner Wahl 1492 ein Signal setzen. Daher passte die Teilung der Welt 1494 perfekt zu seinen im Namen angedeuteten Ansprüchen auf Weltherrschaft, wenn auch nur einer spirituellen der Kirche. Schon seine Wahl zum Papst durch Ämterkauf und Bestechungen wurde von den Zeitgenossen, die eine Spaltung der beteiligten Würdenträger in zwei Lager beobachteten, wie eine Teilung des katholischen Weltkreises wahrgenommen. Die überbordende Verschwendungssucht des

Papstes und seine zahllosen Liebschaften riefen viele Kritiker und Kirchenreformer auf den Plan, darunter bekanntlich Girolamo Savonarola in Florenz. Als Alexander VI. ihm 1495 seine kritischen Predigten verbot, inszenierte Savonarola auf der Piazza della Signoria in Florenz das sogenannte »Fegefeuer der Eitelkeiten«. Schriften, Gemälde und Luxusgüter aller Art wurden als unchristliche Besitztümer auf einem riesigen Scheiterhaufen verbrannt. Doch das »Fegefeuer« Savonarolas, der in Florenz bald allen Rückhalt verloren hatte und 1498 hingerichtet wurde, änderte an den Exzessen in Rom unter Alexander VI. nichts.

Die spanische Krone fand in dem Borgia-Papst jedenfalls einen geeigneten Mitstreiter, der spanische Entwürfe als eigene *litterae apostolicae* ausgab. Es ging demnach im Jahr 1494 und nach zähen Verhandlungen in Folge der päpstlichen Urkunden darum, diese vertraglich zu ratifizieren. So betrachtet, erscheinen die diplomatischen Verwicklungen einigermaßen nachvollziehbar. Doch ein anderes, nicht unerhebliches Detail irritiert. Wir sind es heutzutage gewohnt, klare geografische Koordinaten zu besitzen und im Alltag Orientierung durch omnipräsente Internetdienste zu erhalten. Angesichts der welthistorischen Implikationen des Vertrags von Tordesillas ist es umso überraschender, dass aber jene Männer, die damals so selbstbewusst die Welt in zwei Hemisphären teilten, allenfalls mangelhafte Kenntnisse von dem hatten, was sie da taten.

Die geografischen Regelungen der Verträge von Tordesillas waren nämlich alles andere als klar. Die Vertragspartner hatten keinerlei konkretes Wissen darüber, wo genau die 370 Seemeilen westlich der Kapverdischen Inseln von Pol zu Pol festgelegte Linie exakt verlief. Dies lag wesentlich daran, dass die Geografen, Kosmografen und Nautik-Spezialisten in dieser Zeit zwar in der Lage waren, Längengradlinien (Meridiane) als gedachte Linien zu konstruieren. Wenn die Seeleute jedoch von einem beliebigen Hafen ausliefen, konnten sie diese Linie navigatorisch auf dem Meer nicht exakt bestimmen. Vertraglich bewegte man sich demnach in einem geografisch weitgehend unbekannten Raum. Daher vereinbarten die Vertragsparteien, dass binnen zehn Monaten Schiffe beider Seiten, besetzt mit Kapitänen, Seeleuten, Astronomen und anderen Fachleuten, ausfahren sollten, um die Linie so genau wie möglich festzulegen, das heißt letztlich zu kartieren. Zugleich gab man den Auftrag, auf Inseln oder Ländereien, die man auf der Linie lokalisierte, unverrückbare Markierungen in Form von Türmen und Grenzsteinen zu errichten.

Die Schiffe liefen allerdings nicht aus. In einem Zusatzvertrag vom 7. Mai 1495 vereinbarte man daher die Einsetzung einer Kommission, welche die Linie auf einer Karte ziehen sollte. Diese Karte sollte als Vorlage dienen, um entsprechende Einträge in allen Seekarten vornehmen zu können. Doch auch dieser Versuch blieb ergebnislos. Immerhin existierten wenige Jahre später zwei Karten, die erstmals die Linie zeigten – eine Karte von Juan de la Cosa (1500) und eine portugiesische Karte. Die Kenntnis dieser Karte verdanken wir Alberto Cantino, dem es durch Bestechung gelang, eine 1501/1502 angefertigte Kopie (die sogenannte Cantino-Weltkarte) nach Italien zu schaffen.[77]

Die Unsicherheit darüber, wo die Trennlinie auf der Erde verlief, wurde als immer größeres Defizit erkannt, als die Entdeckungs- und Eroberungsfahrten mehr und mehr neue Regionen berührten und man schließlich um die Grenzen auf der anderen Seite der Erdkugel zu streiten begann. Seit 1511 war Portugal im Indienhandel fest etabliert, aber die Umrundung der Welt durch Magellan ermöglichte den Spaniern 1520 eine Westpassage in diese Region. Die Einflusszone der Kolonialmächte in jenem Gebiet war fortan ständiger Streitfall. Schon Magellan hatte nämlich nicht nur die Aufgabe, nach Ankunft die Besitzansprüche Portugals als unberechtigt zurückzuweisen, sondern auch das von den Portugiesen kontrollierte Malakka zu erobern. Immerhin gelang es ihm, eine spanische Handelsbasis auf den Molukken zu etablieren. Den gesicherten Beweis, dass diese geografisch und mit Blick auf die Tordesillas-Linie zur spanischen Hemisphäre gehörte, konnte aber auch er nicht erbringen.

Man vereinbarte eine weitere Konferenz, auf der 1524 erneut Experten unterschiedlicher Disziplinen und mit unterschiedlichen Interessen zusammenkamen, der sogenannten *Junta de Badajoz-Elvas*. Badajoz war (ebenso wie Elvas auf portugiesischer Seite) ein Grenzort zwischen Kastilien und Portugal, der sich auch deshalb empfahl, weil es den Verhandlungsdelegationen beider Seiten verboten war, Karten außer Landes zu schaffen, enthielten sie doch jeweils exklusives Geheimwissen über die Erkundungen der Entdecker. An diesem Treffen nahm auch Hernando Colón teil, der uneheliche Sohn des Kolumbus, der nicht nur ein führender Kosmograf der Zeit war und sich als Sachwalter der kartografischen Vorstellungen seines Vaters verstand, sondern auch eine große, bis zu 15 000 Bänden umfassende Bibliothek in Sevilla zusammengestellt hatte, die das Wissen der Zeit bündelte.[78] Die Kongressakten spiegeln eindrucksvoll die Schwierigkeiten, zu einer Einigung zu kommen. Nicht einmal auf eine Umrechnung der Seemeilen in Grade konnte man sich verständigen. Auch traute man den Karten der Gegenseite nicht, zumal diese auf in den jeweiligen Archiven geheim gehaltenen nautischen Erfahrungen beruhten.

Karten waren in dieser Zeit – und das wussten die Zeitgenossen sehr gut – keine verlässlichen topografischen Repräsentationen, sondern »Geschichtsgemälde« oder »Schmuckversionen, die […] Repräsentationszwecken« dienten.[79] So schlug man gar vor, zunächst einen weißen Globus (»una poma blanca«) zur Hand zu nehmen und nur jene Länder einzuzeichnen, über deren Lage eine gewisse Einigkeit erzielt werden konnte. Aber auch die Befragung von Seeleuten, vor allem Teilnehmern der Magellan-Fahrt, half nicht weiter. Das Treffen in Badajoz blieb ergebnislos, der Globus weitgehend weiß.

Erst im Vertrag von Saragossa kamen Spanien und Portugal im Jahr 1529 zu einer Übereinkunft. Grundlage war allerdings nicht eine verlässliche, von Experten vorgenommene Kartierung, sondern schlicht jede Menge Geld. Der spanische König Karl V., wegen seiner vielen Reisen und Kriegszüge stets in Geldnöten, verkaufte für 350 000 Golddukaten die Handelsrechte der Molukken an Portugal. Eine daraufhin eingesetzte Kommission wurde beauftragt, die Demarkationslinie auf zwei identischen Karten einzuzeichnen. Sie sollten zukünftig als verbindliches Muster für Seekarten verwendet werden. Die Gewürzinseln waren nun in Händen Portugals. Es erübrigt sich zu erwähnen, dass auch dieser Versuch, die Teilungslinie in einer topografischen Karte verbindlich festzulegen, letztlich misslang. Bis ins 18. Jahrhundert stritt man weiter über den exakten Verlauf der in Tordesillas vereinbarten Linie.

So blieb letzten Endes gültig, was gut zehn Jahre vor dem Vertrag von Saragossa bereits ein kluger Jurist in einem Schreiben an den spanischen König formuliert hatte. Der spanische Untersuchungsrichter und spätere Gouverneur Alonso de Zuazo, damit beauftragt, den Verlauf der Linie in Brasilien zu bestimmen, hatte schon 1518 in einem Brief an Karl V. das Nebeneinander der welthistorisch folgenreichen Grenzziehung, die er erstmals konkret beim Namen nannte, und ihre Existenz als reine Imagination treffend beschrieben:

»Man kennt die Konzession Papst Alexanders: Die Teilung der Welt wie einer Orange [*la división del mundo como una naranja*] zwischen dem König von Portugal und den Großeltern Seiner Majestät, durch bestimmte imaginäre Linien, die nicht gezogen wurden. Denn es wurden zwar Steuermänner entsendet, um eine Grenze und diese Linien am richtigen Ort festzulegen, da es sich aber um eine Teilung an einem Längengrad handelt, über den die Steuermänner gar nichts erreichen können oder verstehen, waren sie weder fähig noch in der Lage, eine sichere Bestimmung vorzunehmen. Und so kamen sie unverrichteter Dinge zurück.«[80]

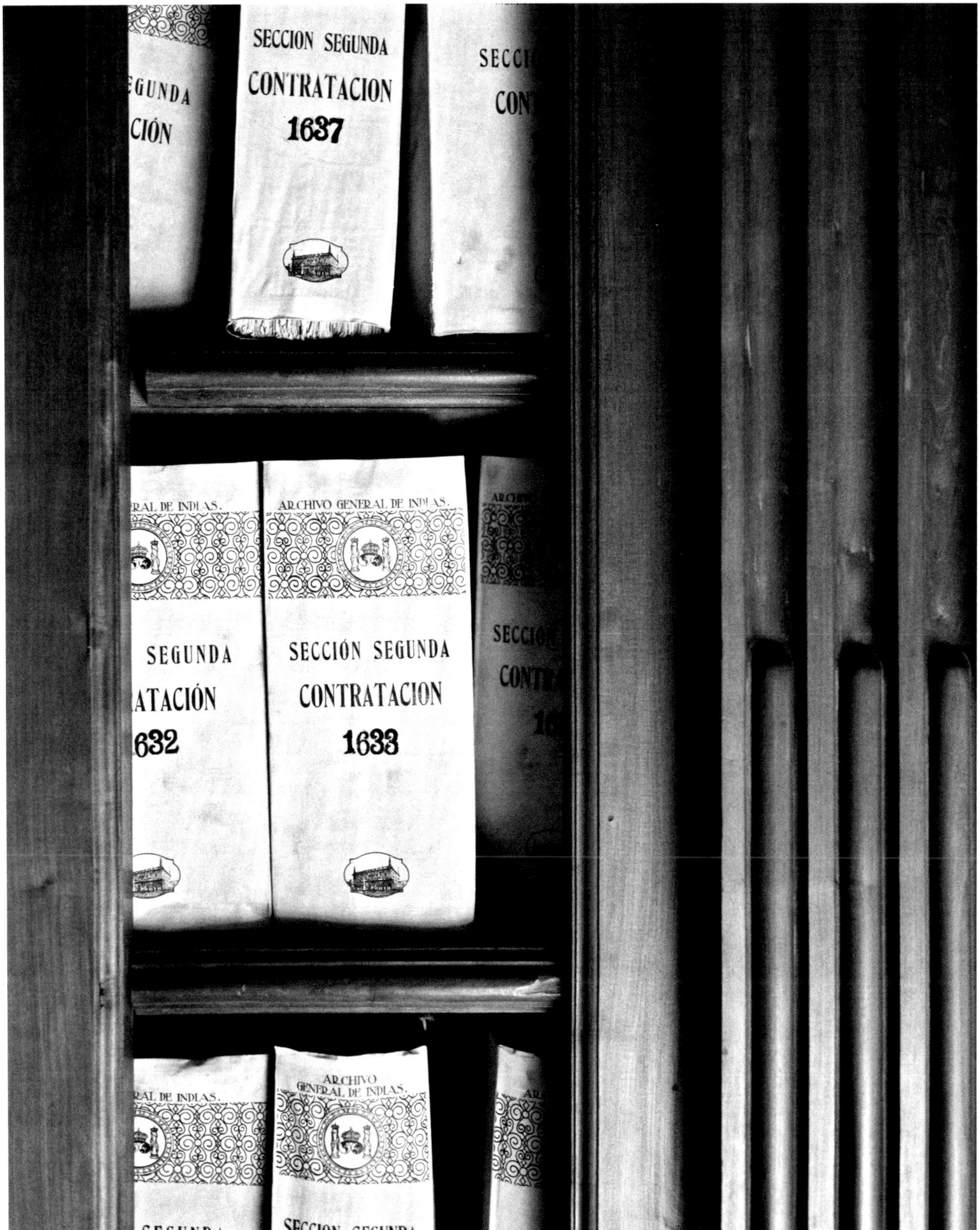
SECCION SEGUNDA
CONTRATACION
1637
ARCHIVO GENERAL DE INDIAS.
SECCIÓN SEGUNDA
CONTRATACION
1633
ARCHIVO
GENERAL DE INDIAS.
SECCION SEGUNDA

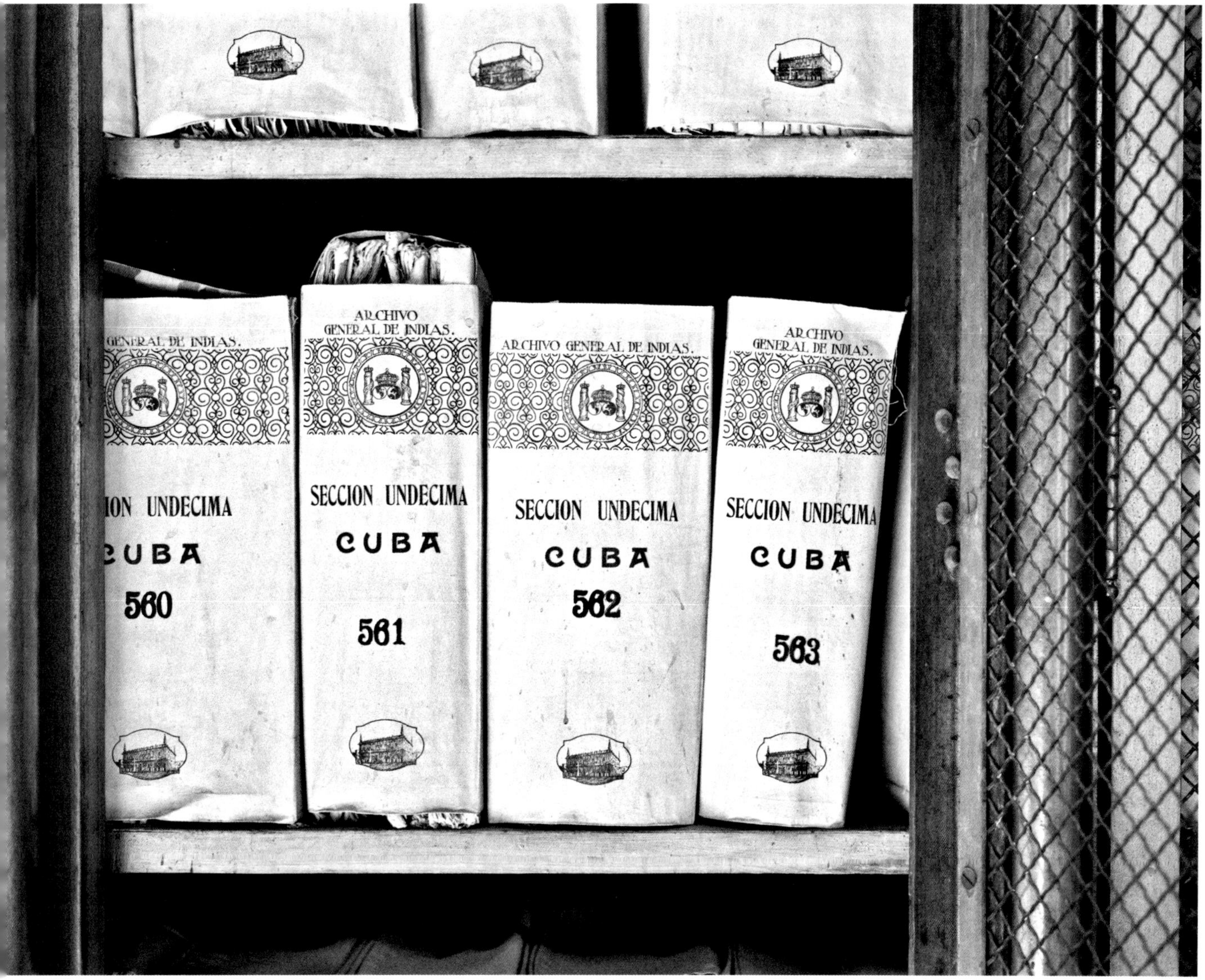

GENERAL DE INDIAS.
ION UNDECIMA
CUBA
560
ARCHIVO
GENERAL DE INDIAS.
SECCION UNDECIMA
CUBA
561
ARCHIVO GENERAL DE INDIAS.
SECCION UNDECIMA
CUBA
562
ARCHIVO
GENERAL DE INDIAS.
SECCION UNDECIMA
CUBA
563

VII. Die Erde als Ganzes?

Die im Vertrag von Tordesillas vorgenommene Teilung der Welt hatte weitreichende machtpolitische Implikationen.[81] Was auf dem Papier wie eine eindeutige Angelegenheit erschien, war in Wirklichkeit schwer umzusetzen. Durch die Entdeckung des Seewegs nach Indien, die Okkupation der Molukken und schließlich die Weltumsegelung Magellans wurde dieser Streitpunkt nun auch bezüglich der anderen Erdhalbkugel ausgefochten. Wie sollte man eine Linie, von der man schon nicht wusste, wo genau sie zwischen Europa und Amerika verlief, im Indischen und nun auch noch im Pazifischen Ozean lokalisieren?

Für all das fehlten schlicht Wissen und Vorstellungskraft. Zwar war bereits im 15. Jahrhundert weitgehend unstrittig, dass die Erde eine Kugel ist. Nach Wiederentdeckung des antiken Geografen Ptolemaios (2. Jahrhundert n. Chr.) verbreiteten sich jedoch seine geografischen Lokalisierungen und Berechnungen der Erdkugel in beachtlichem Umfang. Anstelle der bereits sehr exakten Berechnung des Erdumfangs durch Eratosthenes (3. Jahrhundert v. Chr.) übernahmen die Kosmografen des späten Mittelalters die fehlerhafte Berechnung des jüngeren Wissenschaftlers, bei dem die Breite des Atlantiks zu gering und die Ausdehnung des Mittelmeeres zu weit veranschlagt waren. Der erste berühmte Globus des Martin Behaim von 1492, auf dem die neuentdeckten Länder noch nicht verzeichnet waren, spiegelte diese fehlerhaften Berechnungen. Sie waren bereits 1482 auf einer ersten Karte, welche die Angaben des Ptolemaios abbildete, vorgezeichnet worden.

Immerhin hatte Kolumbus die falschen Berechnungen des Ptolemaios und eine Bemerkung Strabons zur Schiffbarkeit des Atlantiks genutzt, um seine Auftraggeber von den Erfolgsaussichten seiner Expedition zu überzeugen. Welche unklaren Vorstellungen Kolumbus von der Erdkugel hatte und welche kindlich anmutenden Phantasien er daran knüpfte, zeigen seine Tagebücher und Briefe der dritten Reise im Jahr 1498. Hier schrieb er: »Nachdem ich auf die Höhe der Linie [des Vertrags von 1494] kam, fand ich eine sehr milde Temperatur des Himmels vor und als ich weiter vorstieß, verstärkte sich dies. [Aufgrund unterschiedlicher Nordsternhöhen] kam ich darauf, von der Welt zu halten, dass sie nicht rund in der Weise ist, wie sie schreiben, sondern die Form einer Birne hat, also rund ist, bis auf die Stelle, wo der Stil [sic] sitzt […].« An einer Stelle, so Kolumbus in einem Brief, sei auf der Kugel »so etwas wie eine weibliche Brustwarze« aufgesetzt. Bei dieser Brustwarze handelt es sich in seiner Vorstellung um das neuentdeckte Land, in dessen Mitte sich zudem »das Irdische Paradies« befinde.[82] Kolumbus mag bei diesen Sätzen von antiken Vorstellungen beeinflusst worden sein, nach denen das Elysium, die Insel der Seligen, im äußersten Westen lokalisiert wurde.

Den Spaniern und Portugiesen musste entgegen dieser infantil erscheinenden Entdeckerfreude aber daran gelegen sein, die neuen Gebiete möglichst exakt zu kartieren. Schließlich ging es um Macht, Reichtümer und die Möglichkeit, Handel in bisher unbekanntem Ausmaß zu organisieren – und der glänzenden Perspektive, Güter zu plündern und Einheimische zu Sklavenarbeitern zu machen, Taten folgen zu lassen. Es ging um die Definition maritimer Einflusssphären und die Erschließung neuer Handelsgebiete.[83]

Die Amtsträger der 1503 in Sevilla gegründeten Casa de la Contratación, in der eine lückenlose Kontrolle der Kolonialgebiete gewährleistet werden sollte, sahen daher rasch die Notwendigkeit zu handeln. Der Vielzahl einander widersprechender Karten sollten verlässliche Daten entgegengesetzt werden. Am 6. August 1508 wurde auf Initiative des Königs beschlossen, das in Sevilla versammelte Material zentraler Kontrolle zu unterstellen. Ein oberster Steuermann *(piloto mayor)* sollte diese Aufgabe übernehmen, die man folgendermaßen beschrieb: »Da uns berichtet wurde, dass es viele Vorlagen für Karten von diversen Meistern gibt […], die sich untereinander stark unterscheiden, sowohl in Hinsicht auf die Kurse wie auch auf die Lage der Gebiete, und dieses großes Übel verursachen kann und damit in allem Ordnung herrsche, ist es unser Wunsch und ordnen wir an, das ein *padrón real* gemacht werde.«[84] In diesen *padrón real*, einer Art (königlicher) Muster-Seekarte, sollten alle verfügbaren, auch zukünftigen Informationen einfließen, um klarere Vorstellungen zu bekommen und besser planen zu können. Die Karte und das darauf gezeichnete Bild der Welt sollte nicht zuletzt auch einer exakten Zoll- und Steuererhebung dienen. Erfahrungen der Seeleute und Finanzinteressen der Krone sollten auf diese Weise zusammengeführt werden. Der Padrón Real bestand letztlich aus einer Vielzahl von Karten, Rechnungslisten, Kommentaren rückkehrender Reisender und ähnlich nützlichen Informationen. Anstelle der Widersprüchlichkeit der Erfahrungen und Mitteilungen der Seeleute, die sich in einander widersprechenden Kartierungen niederschlugen, trat ein zentral mit Hilfe von Kosmografen und Verwaltungsspezialisten erarbeiteter Generalplan, der Orientierungswissen schuf.

Jenseits der zentralistischen Verwaltung durch die Casa de la Contratación und den später gegründeten Indienrat wuchs zu Beginn des 16. Jahrhunderts allgemein das Interesse an Weltkarten, Globen und geografischer Literatur. Bereits der deutsche Kartograf Waldseemüller hatte 1507 mit seiner neuen Weltkarte »die Geburtsurkunde der Welt […] und ebenso den Totenschein der Welt, wie sie zuvor gewesen ist«, ausgestellt.[85] In öffentlichen Institutionen wie privaten Gebäuden des Establishments stellte man Globen auf und hängte Karten an die Wände. Diese bildeten an den Höfen gewissermaßen die eigene Herrschaft ab. Ein berühmtes Beispiel ist jener Wandteppich, der von Bernard van Orley 1525 in Brüssel anlässlich der Hochzeit des portugiesischen Königs Johann III. und seiner Frau Katharina angefertigt wurde – in jener Zeit also, als man in Badajoz um eine Kartierung stritt. Der Wandteppich zeigt auf einer Darstellung der Weltkugel die von Portugal beanspruchte Hälfte, die im Osten die Molukken und Malakka erkennen lässt. Das Königspaar, das zu beiden Seiten des Globus steht, hält jeweils die Rechte über die Kugel und deutet so handgreiflich auf den beanspruchten Raum. Spanische Karten verzeichnen in dieser Zeit die Gewürzinseln im Westen: Sie sind Abbilder kolonialer Machtpolitik.[86]

Der Vertrag von Tordesillas markierte den »Beginn einer globalen Weltsicht«.[87] Aber es war eine globale Sicht, deren Wesenskern eben die Teilung der Welt war, die in den folgenden Jahrzehnten immer wieder angesprochen wurde. Ein möglichst exaktes Wissen über die Demarkationslinie, auf die man sich vertraglich verständigt hatte, leitete zwar das Erkenntnisinteresse. Wegen konkurrierender Herrschaftsansprüche standen jedoch auch konkurrierende Bilder des Globus und der Zugehörigkeit der auf ihm verzeichneten Länder im Mittelpunkt.

Um 1600 etablierte sich auf Karten eine Visualisierung der Welt, die der Geografie und realen Topografie verpflichtet war. Mittelalterliche Traditionen der Kartografie gerieten so ins Wanken. Auf den *mappae mundi*, den Abbildern der Welt, hatten mittelalterliche Kartografen zuvor Länder, Städte, Flüsse und Meere gemäß ihrer Bedeutung in biblischen Geschichten und im Heilsgeschehen platziert. Jerusalem, wo die Erlösung der Menschheit durch den Tod Christi stattgefunden habe, war regelmäßig der Mittelpunkt der Welt. Die Ebstorfer Karte aus dem 13. Jahrhundert ist das wohl imposanteste Zeugnis dieser Sichtweise. Das Weltganze mit seinem Zentrum in Iudäa wird hier gehalten von Christus, dessen weltumspannender Körper an der Oberseite (Kopf), den Rändern (Hände) und an der Unterseite (Füße) sichtbar ist. Mit der Expansion Portugals und Spaniens aber erhielten die Kartografen jenseits biblischer Welterzählungen neuartige geografische Kenntnisse, die es ermöglichten, sich von den alten Texten zu emanzipieren. Als im Jahr 1459 der Mönch Fra Mauro in einem Kloster bei Venedig eine Weltkarte zeichnete, führte er nicht nur die Informationen arabischer und antiker Kartografen zusammen. Für seine im Auftrag des portugiesischen Königs Alfons V. (1432–1481) gezeichnete Abbildung der ganzen Welt, in der Jerusalem nun aus dem Zentrum in den Westen verlegt wurde, verarbeitete er auch Karten venezianischer und portugiesischer

Seefahrer. Diese hatte ihm König Alfons zur Verfügung gestellt, wohl um Ansprüche an der afrikanischen Küste zu markieren. Bis in heutige Zeit gilt Fra Mauro als Pionier einer Kartografie, die im 15. Jahrhundert einen neuen Blick auf die Welt als Ganzes warf. Es sei nach unserem Blick auf den »Overview Effect« (siehe Kapitel II) am Rande erwähnt, dass die Apollo-14-Mission 1971 in einem Mondkrater landete, der den Namen dieses venezianischen Mönches trug.

Fra Mauro und die ihm folgenden Kartografen waren Zeitzeugen neuer Erkundungen, die ältere Vorstellungen von der Welt obsolet und immer neue Kartierungen des Weltganzen erforderlich machten.

Das schließlich in Folge des Vertrags von 1494 in den Karten und auf dem Globus wiedergegebene Bild der Welt war letztlich nicht mehr als eine Hypothese, die sich in der Praxis von Seefahrt und Kolonialverwaltung bewähren musste und laufend zu korrigieren war. Die Unsicherheit, wo genau die neuen Länder und Inseln in eine Karte einzutragen waren, bildete in dieser Zeit aber nur die Spitze eines Eisbergs aus Nicht-Wissen. In der Praxis gravierender waren die Schwierigkeiten für den König, aus den Kolonialgebieten selbst vertrauenswürdige Informationen über die Einheimischen, ihre Zahl, ihre Organisation, bebaute Landgebiete und mögliche Steuererträge zu erhalten – um nur einiges von dem zu nennen, was die Archivschränke in Sevilla füllt. In den neuen Ländern konkurrierten Interessen von Personen, zu denen loyale wie illoyale Amtsträger des Königs gehörten. Entsprechend vom jeweiligen Eigennutz beeinflusste Informationen erreichten den Hof. So erklärt sich der Versuch, durch zentralistische Kontrolle alle Gebiete der Kolonialherrschaft bis zur Ernennung der Schiffskapitäne zu überwachen. Hierzu gehörten ständige Anfragen und Auskunftswünsche der zentralen Verwaltung. Die ungeheure Papierflut, die dabei im »papiernen Imperium« produziert wurde, füllte die Archive für etwa 250 Jahre, bis 1785 schließlich sage und schreibe neunzig Millionen Schriftstücke in Sevilla ihre vorläufig letzte Heimat fanden.

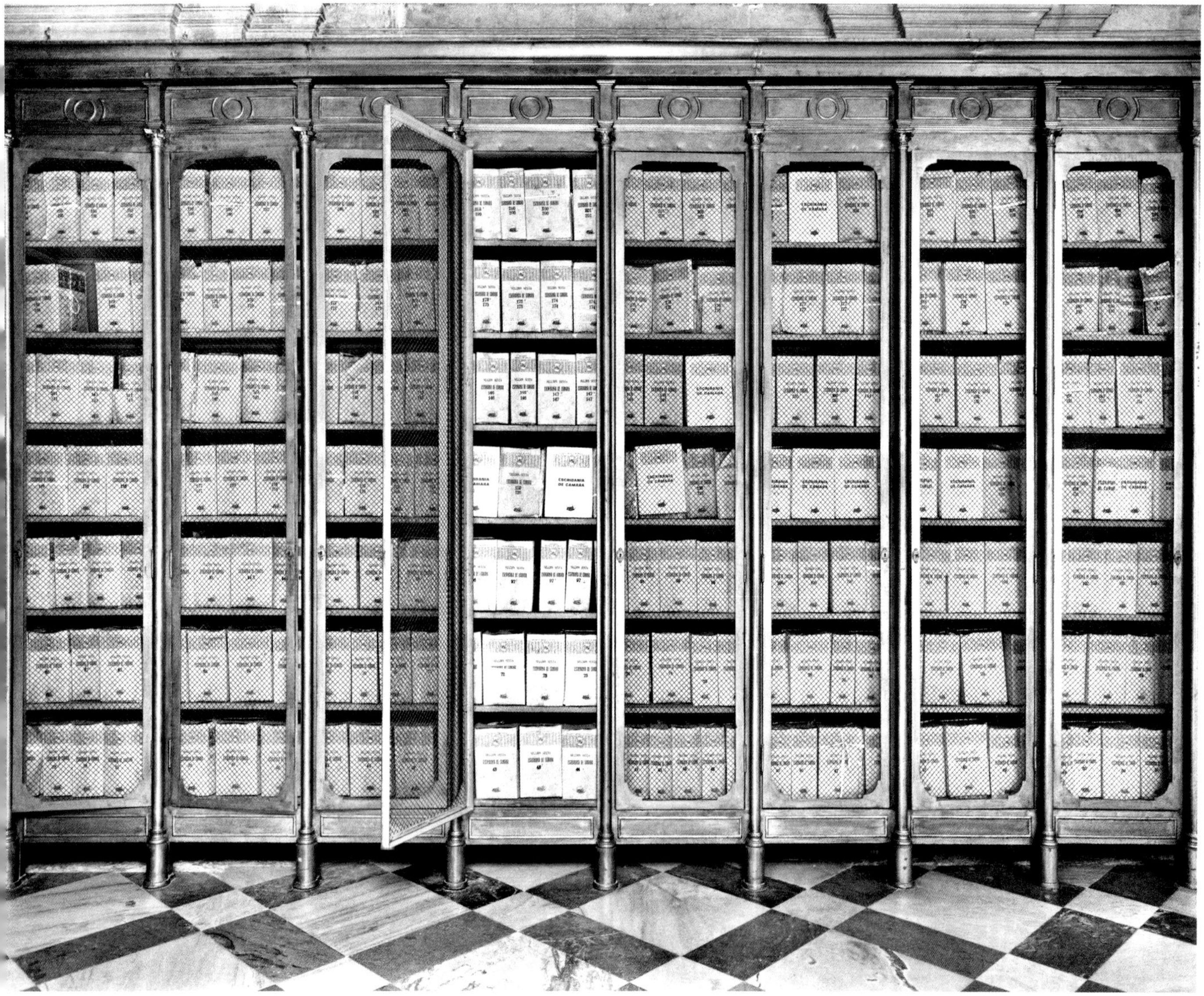
ESCRIBANIA DE CAMARA

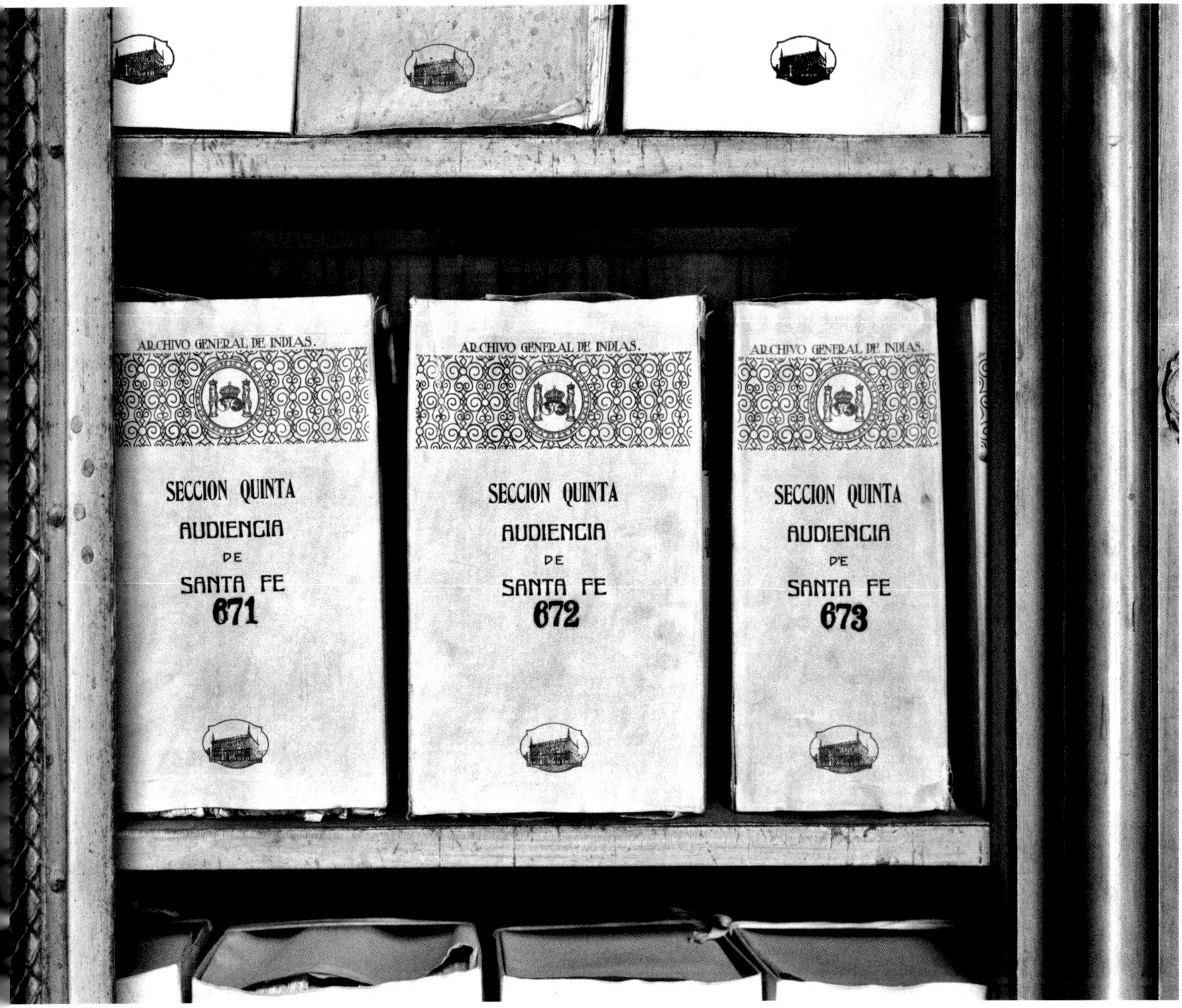
ARCHIVO GENERAL DE INDIAS.
SECCION QUINTA
AUDIENCIA
DE
SANTA FE
671
ARCHIVO GENERAL DE INDIAS.
SECCION QUINTA
AUDIENCIA
DE
SANTA FE
672
ARCHIVO GENERAL DE INDIAS.
SECCION QUINTA
AUDIENCIA
DE
SANTA FE
673

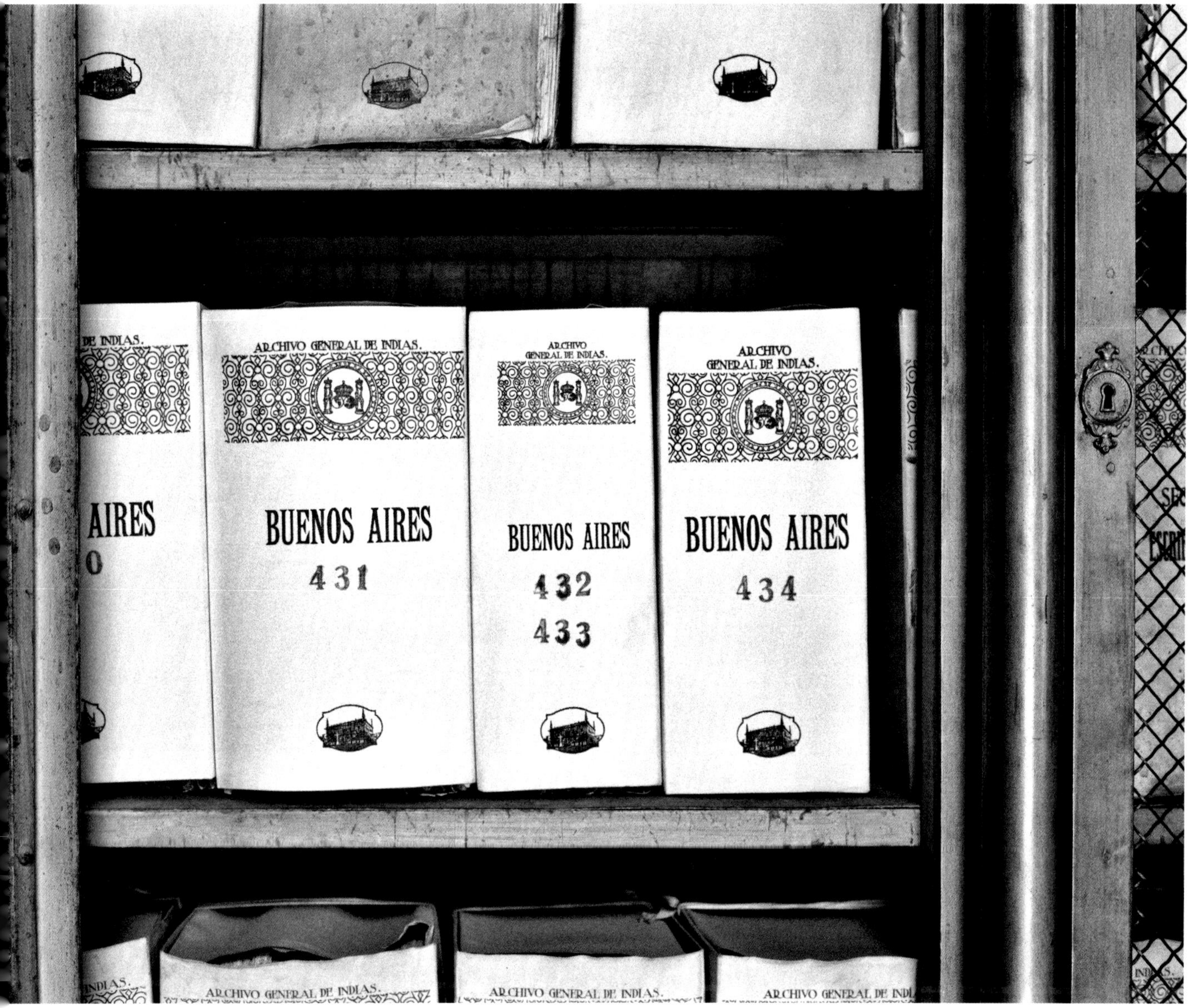
DE INDIAS.
AIRES
O
ARCHIVO GENERAL DE INDIAS.
BUENOS AIRES
431
ARCHIVO
GENERAL DE INDIAS.
BUENOS AIRES
432
433
ARCHIVO
GENERAL DE INDIAS.
BUENOS AIRES
434
INDIAS.
ARCHIVO GENERAL DE INDIAS.
ARCHIVO GENERAL DE INDIAS.
ARCHIVO GENERAL DE INDI

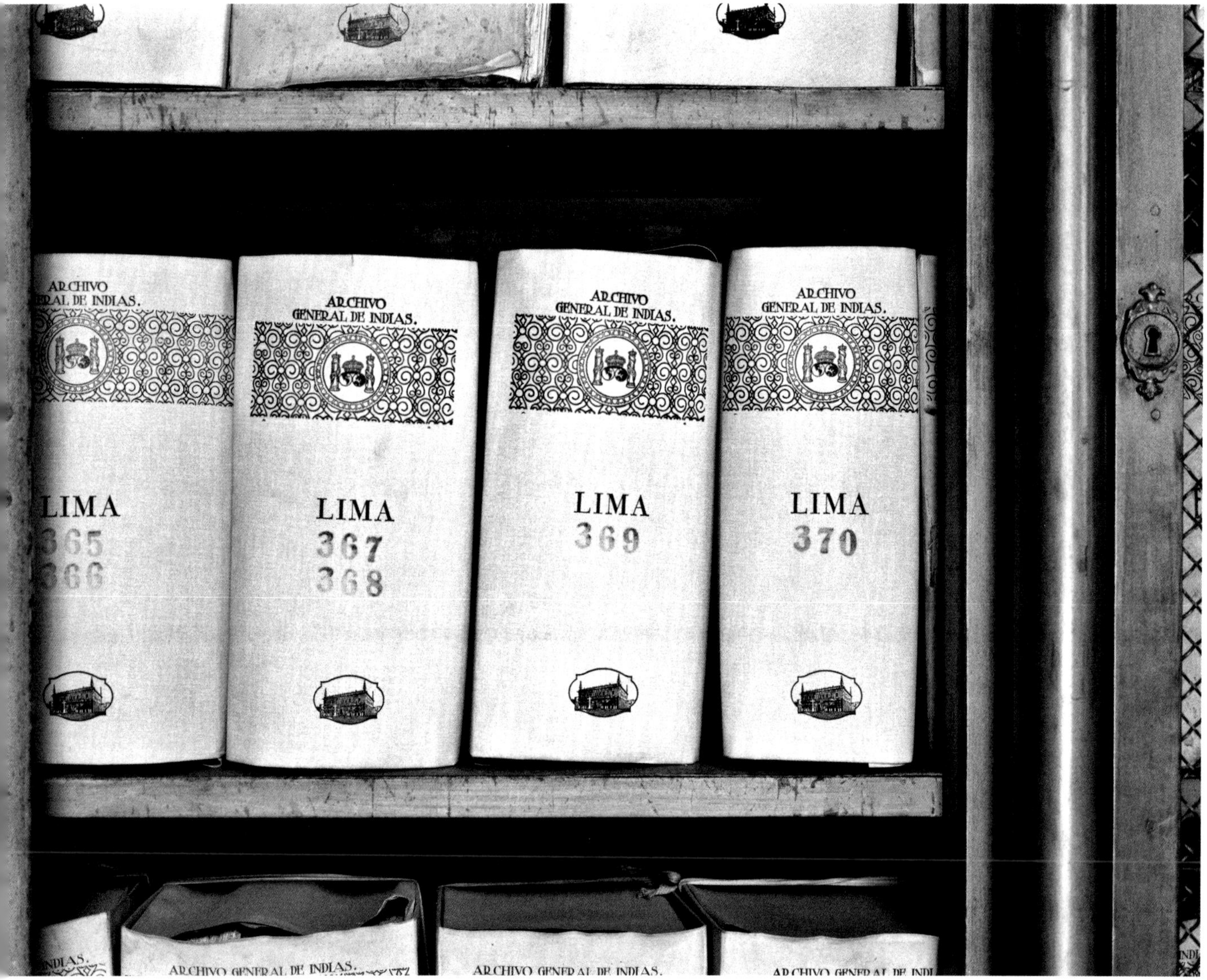
ARCHIVO GENERAL DE INDIAS.
LIMA
367
368
ARCHIVO GENERAL DE INDIAS.
LIMA
369
ARCHIVO GENERAL DE INDIAS.
LIMA
370
ARCHIVO GENERAL DE INDIAS.
ARCHIVO GENERAL DE INDIAS.

VIII. Glanz der Herrschaft, humanitäre Katastrophen und engagierte Mahner

»Ego vox clamantis in deserto« /
»Ich bin die Stimme des Predigers in der Wüste«
Antonio de Montesinos: Predigt zum 4. Advent 1511[88]

Spanien war im 16. Jahrhundert zweifellos die bedeutendste Großmacht der Zeit. 1580 konnte der spanische König Philipp II. nach Aussterben der Königsfamilie gar sein Erbrecht an der Krone Portugals geltend machen, das fortan den spanischen König als Oberhaupt akzeptieren musste. Parallel war Spanien allerdings nach militärischen Desastern, der Ablösung der nördlichen Niederlande und der Niederlage der stolzen spanischen Flotte (in Worten des Königs die *Armada Invencible* oder *Grande y Felicísima Armada*) 1588 vor England schwer angeschlagen. Der schiere Luxus, den es in Spanien in dieser Zeit zu bestaunen gab, weckte längst Begehrlichkeiten anderer Seemächte. Das 17. Jahrhundert ist denn auch die Zeit der Niederlande und Englands, deren Freibeuter, darunter Francis Drake oder Henry Morgan, im Atlantik den Handel Spaniens empfindlich schädigten. England hatte – wie erwähnt – die Bulle Alexanders VI. zum Vertrag von Tordesillas nicht anerkannt, da der englische König, nicht der Papst, das Haupt der anglikanischen Kirche war.

Auf der Iberischen Halbinsel konnte man jedoch in dieser Zeit, in der der Dreißigjährige Krieg nicht nur weite Teile Europas ins Chaos stürzte, eine relative Ruhe genießen. In einer Zeit der Umbrüche zeigt das Spanische Reich im Innern eine durchaus beachtliche Stabilität. Es ist die Phase einer ungeheuren Kunstblüte, eines Goldenen Zeitalters, in dem die bildende Kunst und Malerei mit Diego Velázquez und anderen einen grandiosen Höhepunkt erreichten. Die großen Residenzen erhielten nun Kunstsammlungen, die alles Bekannte in Europa weit in den Schatten stellten.

Ebenso aufsehenerregend waren die königlichen Großbauten. Die streng symmetrisch angelegte Palast- und Klosteranlage El Escorial bei Madrid bildete nach Vorstellungen Philipps II. die Rationalität weltumspannender spanischer Herrschaft, die im 16. Jahrhundert zu beobachten war, symbolisch ab.[89] Der von dem Michelangelo-Schüler Juan Bautista de Toledo entworfene und von Juan de Herrera vollendete Großbau galt, obwohl er ab 1598 vor allem zeremoniellen Zwecken diente und bis ins 20. Jahrhundert Grablege der spanischen Könige war, als modernes Weltwunder. Es handelt sich um den größten Renaissance-Bau der Welt. Die bis in die Mitte des 17. Jahrhunderts gebaute und erweiterte Börse in Sevilla verdeutlichte ebenfalls monumental – zudem gerahmt von dem Königspalast Alcázar und der monumentalen Kathedrale Giralda (der drittgrößten Kirche der Welt) – den spanischen Herrschaftsanspruch.

Die Baupolitik der Könige und die zentrale Kontrolle der neueroberten Länder sowie die Archivierung aller damit verbundenen Verwaltungsakte sind beeindruckende Formen monarchischer Repräsentation, die noch heute Scharen von Touristen anlocken. Hinter diesen architektonischen und schriftlichen Zeugnissen der Herrschaft stand jedoch ein Alltag, der für die einheimischen Völker der Neuen Welt ebenso wie für die Bevölkerung in den afrikanischen Ländern verheerend war. Dies lag zum einen an den Strömen von Migranten, die nun von Ost nach West zogen. In den drei Jahrhunderten ab 1500 siedelten zweieinhalb Millionen Europäer in der Neuen Welt. Sie brachten dreizehn Millionen schwarze Sklaven in die Amerikas. Rund fünfzig Millionen Einheimische fielen in dieser Zeit vor allem den eingeschleppten neuen Krankheiten der Europäer zum Opfer.[90] Besonders dramatische Folgen hatte der Import von Viren und Bakterien, gegen welche die Europäer in ihren stark bevölkerten und schmutzigen Städten bereits Resistenzen entwickelt hatten, die in Amerika aber bis zum Eintreffen der Eroberer unbekannt waren. Nach wenigen Generationen war der Großteil der Einheimischen Pocken, Masern, Malaria, Typhus, Beulenpest und so weiter zum Opfer gefallen. Die Eroberer deuteten dies als Zeichen Gottes. Am Siechtum der Infizierten werde sichtbar, dass es »der Wunsch Gottes« sei, »dass sie ihr Land an neue Völker abtreten sollen«.[91]

Andere Folgen zeigten sich rasch in Fauna und Flora. Der Warenaustausch zwischen der Neuen und der Alten Welt war durch eine schon von den Zeitgenossen bemerkte doppelte Asymmetrie gekennzeichnet. Während Richtung Osten Edelmetalle und wertvolle Güter transportiert wurden, bewegten die Seeleute Nutztiere aller Art und Saatgut von Kulturpflanzen Richtung Westen, wo sie bislang nicht heimisch gewesen waren. Als blinde Passagiere reisten mit dieser Fracht Samen von Unkräutern mit, die sich rasend in den mit vormals unbekannten Pflanzen kultivierten Ländereien ausbreiteten. Allein die von den Spaniern als Proviant mitgebrachten Schweine wurden rasch zu den dominierenden Fleischlieferanten, denen man bald überall begegnete und die von vielen als Plage wahrgenommen wurden.

Die dramatischen Folgen der Eroberung für die einheimische Bevölkerung waren schon wenige Jahre nach den Fahrten des Kolumbus offensichtlich. Bereits 1504 hatte sich der spanische König von Gelehrten versichern lassen, dass die brutale und gewalttätige Eroberungspolitik rechtens sei. Als Kronzeuge wurde der antike Philosoph Aristoteles zitiert, der in seiner *Politik* die Ansicht vertreten hatte, dass die Menschen in solche zu unterteilen seien, die herrschen, und solche, die Besitz anderer und daher von Natur aus als Sklaven zu behandeln seien.[92] Sie hätten demnach auch keinen Anspruch auf Eigentum, weshalb sie folglich auch kein Land ihr Eigen nennen könnten.

Solchen gelehrten Erörterungen, mit denen Versklavung und Landraub legitimiert werden sollten, stand in den eroberten Gebieten ein schrecklicher Alltag gegenüber, der insbesondere bei einigen Gläubigen, die sich auf Missionsreise begeben hatten, auf heftigste Kritik stieß. Berühmt ist die Predigt, die der Dominikanerpater Antonio de Montesinos im Dezember 1511, am vierten Adventssonntag, auf La Española hielt. Dabei bestritt er so schlicht wie wirkungsvoll die Rechte, welche die Gelehrten dem König zugestanden hatten: »Sagt, mit welchem Recht und mit welcher Gerechtigkeit haltet ihr jene Indios in einer so grausamen und schrecklichen Knechtschaft? Wer hat euch Vollmacht gegeben, so verabscheuungswürdige Kriege gegen diese Menschen zu führen, die ruhig und friedlich ihre Heimat bewohnten, von denen ihr unzählige durch unerhörte Mord- und Gewalttaten ausgelöscht habt? Wie könnt ihr sie so unterdrücken und plagen, ohne ihnen zu essen zu geben, noch sie in ihren Krankheiten zu pflegen, die sie sich durch das Übermaß an Arbeit, die ihr ihnen auferlegt, zuziehen, und sie dahinsterben lassen, oder deutlicher gesagt, töten, nur um täglich Gold zu graben und zu erschachern? […] Haben sie nicht vernunftbegabte Seelen? Seid ihr nicht verpflichtet, sie zu lieben wie euch selbst?«[93]

Bartolomé de Las Casas hat 1552 in seiner *Brevísima relación de la destrucción de las Indias occidentales (Kurzgefaßter Bericht von der Verwüstung der Westindischen Länder)* über Montesinos' Predigt berichtet und den Wortlaut aus der Erinnerung überliefert. Er selbst änderte unter dem Eindruck dieser Predigt 1514 seine Haltung und trat fortan prominent für die Rechte der Indios ein. Nach 1516 machte er in drei Denkschriften auf die humanitäre Tragödie aufmerksam: »Und so ist es gekommen, dass die Indios, schlecht behandelt und noch schlechter verpflegt und sehr abgearbeitet, sich vermindert haben von einer Million Seelen, die es auf La Española gab, auf fünfzehn- oder sechzehntausend, und sie werden alle sterben, wenn nicht schnellstens geholfen wird.«[94] Der König ernannte ihn 1516 zum Prokurator aller Indios, deren Rechte er gegenüber dem Indienrat vertreten sollte. Doch die dabei gewährten Spielräume waren gering. Bereits 1512 hatte Ferdinand II. zwar die Gesetze von Burgos *(Leyes de Burgos)* erlassen, um die Unterdrückung der Einheimischen zu kontrollieren und einzudämmen. Aber auf die Proteste der Dominikaner hatte er zuvor schnöde geantwortet. Sie sollten, bevor sie protestierten, zunächst einmal die Bullen des Papstes Alexander VI. lesen. Grundsätzlich sei das

System der *Encomienda* (der Dienstverpflichtung von Indios) rechtens, »dank der päpstlichen Gnade und Schenkung und vereinbar mit dem göttlichen Recht und Menschenrecht«.[95] So hatte es eine Kommission von Theologen und Juristen in Burgos festgehalten.

Konquistadoren und spanische Siedler bestanden trotz verschiedener Selbstmordwellen der Indios darauf, dass sie ihnen dienstbar zu sein hatten. Im Jahr 1513 fand der Hof einen allerdings sehr scheinheiligen Weg, die Unterdrückung der Indios zu legitimieren. Der König erfüllte letztlich den Wunsch der Spanier: Fortan sollten sie allen, die sie unterwerfen wollten, das sogenannte *Requerimiento* vorlesen. In diesem Dokument war zunächst festgehalten, dass alle Menschen von dem Christengott erschaffen seien. Entsprechend dem biblischen Schöpfungsbericht – so heißt es weiter –, »[sollt] ihr die Kirche als Oberherrn der ganzen Welt und in ihrem Namen den Summus Pontifex, Papst genannt, sowie an seiner Statt den König und die Königin« anerkennen. Bei Verweigerung werde »ich […] mit Gottes Hilfe gewaltsam gegen euch vorgehen, euch überall und auf alle nur mögliche Art mit Krieg überziehen, euch unter das Joch und unter den Gehorsam der Kirche und Ihrer Hoheiten beugen, eure Frauen und Kinder zu Sklaven machen, sie verkaufen und über sie nach dem Befehl Ihrer Hoheiten verfügen.«[96]

Mit diesem Papier zogen die Spanier schließlich weiter, unterwarfen Azteken und andere Völker. Die Kritik an den Untaten riss freilich nicht ab. Sie fand mit Francisco de Vitoria einen weiteren prominenten Protagonisten. Ende 1538 oder gleich zu Beginn des Jahres 1539 hielt er als Professor der Theologie an der Universität von Salamanca eine viel beachtete Vorlesung mit dem Titel *De Indis*.[97] Ausgangspunkt war die Frage, ob die Kinder von Ungläubigen gegen den Willen ihrer Eltern getauft werden dürften. Was aber war an dieser theologischen Frage so brisant, dass Karl V. äußerst ungehalten auf die Vorträge reagierte? Die Beantwortung der genannten Frage hing davon ab, ob man die Oberhoheit des Königs oder jene der Kirche überhaupt anerkannte, ob sie überhaupt rechtens war. Die von Missionaren übersandten Berichte ließen jedenfalls gröbstes

Unrecht erkennen: »Da wir dann noch hören, dass so viele Menschen getötet, so viele unschuldige Menschen ausgeraubt wurden, kann man zurecht fragen, ob diese Vorgänge rechtmäßiger- oder unrechtmäßigerweise geschehen sind.«[98] Es war nach Ansicht de Vitorias die Aufgabe der Theologen, sich der Frage zu widmen, wie mit den Indianern umzugehen sei. Implizit deutet de Vitoria an, dass die Juristen des Königs und auch die bisher und selbst in Burgos beteiligten Theologen keine tragfähige Lösung für die Eingeborenen gefunden hätten – wie die Wirkungslosigkeit der Gesetze von 1512 noch 30 Jahre später offenbar zeigte.

De Vitoria weist nach, dass die Eingeborenen eben keine Sklaven im Sinne der aristotelischen Definition gewesen seien, als die Eroberer sie antrafen: »Also muss man sie, sofern nicht das Gegenteil feststeht, unbedingt als Herren betrachten.« Daran ändere auch ihre Ungläubigkeit nichts. Im zweiten Abschnitt der Vorlesung legt de Vitoria dar, dass der Kaiser nicht Herr der ganzen Welt sein könne, »weil er dies nur kraft einer gesetzlichen Ermächtigung wäre. Eine solche gibt es nicht«.[99] Und auch der Satz, »der höchste Priester [das heißt der Papst] sei der Alleinherrscher im zeitlichen Bereich auf der ganzen Welt und folglich habe er die spanischen Könige als Herrscher über jene Barbaren einsetzen können und so sei es geschehen«, sei falsch. Der Papst habe keinerlei weltliche Verfügungsgewalt über die indianischen Barbaren, sondern allein »Vollmacht im geistlichen Bereich«. Diese begründe aber kein Recht, die Barbaren »mit Krieg zu überziehen«. Ein umfassendes Verfügungsrecht, das sich allein aus der Entdeckung durch Kolumbus ergäbe *(iure inventionis)*, existiere nicht. Auch der Unglaube begründe kein Recht über die Barbaren, womit de Vitoria die Rechtmäßigkeit des *Requerimiento* ausdrücklich abstritt.[100]

Aus Sicht de Vitorias waren jedenfalls die Eingeborenen vor Ankunft der Spanier »in ungestörtem Besitz ihrer Güter im öffentlichen wie im privaten Bereich«. Sie verfügten über Vernunft, »weil sie eine bestimmte Ordnung in ihren Angelegenheiten haben, wenn sie auf der Grundlage einer Ordnung bestehende Bürgergemeinden, klar festgelegte Ehen, Beamte,

Herren, Gesetze, Handwerkszweige, Handelsverkehr haben.« Wenn sie einen unvernünftigen Eindruck erweckten, dann komme dies »nach meiner Ansicht zum größten Teil von der schlechten und rohen Erziehung, zumal wir auch bei uns viele Landleute sehen, die sich kaum von vernunftlosen Tieren unterscheiden.« Die hier angeführte Dummheit kastilischer Bauern und Landarbeiter wirkt zwar despektierlich. Aber de Vitoria zielt vor allem darauf ab, zu beweisen, dass niemand auf die Idee käme, den spanischen Landsleuten abzusprechen, dass sie Menschen seien. Und er erinnert an Aristoteles, der nicht der Ansicht gewesen sei, »dass Leute, die im Geiste wenig vermögen, von Natur nicht ihre Herren seien«.[101]

In seiner ausführlich argumentierenden Vorlesung, die in den heutigen Druckausgaben rund 85 Seiten umfasst, lag de Vitorias Fokus im Winter 1538/39 darauf, die Spanier auf einen Umgang mit den Eingeborenen zu verpflichten, der sie als gleichberechtigte Partner achtet. Man könne sich bei ihnen aufhalten, man könne mit ihnen Handel treiben und missionarisch tätig sein. Aus diesen Interessen leite sich aber kein Recht auf Unterwerfung und Gewalt ab. Der Umgang mit ihnen habe letztlich so auszufallen, dass sich ihnen das Christentum als Glaube empfehle. Die christlichen Eroberer dürften keinesfalls so handeln, dass das Christentum als Religion der Gewalt und Menschenfeindlichkeit erscheine. Jede Mission wäre dann wirkungslos, auch wenn es seiner Ansicht nach bei einer aktiven Behinderung der Mission rechtens wäre, auch zu Gewalt zu greifen. Sie bleibt aber in allen Bereichen die Ultima Ratio.

Die Vorlesung de Vitorias, in der er einen großen Bogen von moralischen über rechtliche Probleme schlug und der eine lebhafte Diskussion unter Juristen und Theologen folgte, blieb bis ins 17. Jahrhundert in anderen Ländern Europas ohne Parallele. Seine Vorstellungen von einer Völkergemeinschaft und einem Völkerrecht, das auf gleichberechtigte Kommunikation setzte, suchten im 16. Jahrhundert schlicht ihresgleichen. Dies gilt selbst dann, wenn man in Rechnung stellt, dass ihm wie Las Casas nicht in den Sinn kam, die Andersartigkeit der Völker in positivem Sinne zu deuten. Ungeheuerlich in seiner Zeit waren die Thesen von der legitimen Herrschaft der Eingeborenen über ihre Gebiete und die sich daraus ergebende Folgerung, dass päpstliche und königliche Machtansprüche nicht zu begründen seien.

Entsprechend heftig fiel die Reaktion Karls V. aus. In einem am 10. November 1539 an den Prior von San Esteban in Salamanca adressierten Brief monierte er, dass neben den Magistri der Universität auch andere Personen die Herrschaftsansprüche des Königs jenseits des Atlantiks und das Recht des Papstes, diese zu bestätigen, bestritten hätten. Unverzüglich seien diese Personen unter Eid anzuhören. Sie hätten Erklärungen abzugeben, die dem König zuzusenden seien. Und alle Schriftstücke, in denen die Autoren sich im genannten Sinne geäußert hätten, seien zu konfiszieren. Jegliche Spur dieser Debatte sollte ausgelöscht werden. Der Theologe war daraufhin offenbar so sehr unter Druck, dass er auf eine Veröffentlichung seiner Vorlesung verzichtete. Seine Ausführungen, die in verschiedenen Handschriften erhalten blieben, wurden von seinen Schülern bewahrt und schließlich 1557, elf Jahre nach de Vitorias Tod, erstmals in Lyon gedruckt.

De Vitoria war einer der Gefährten und bedeutender Wegbereiter von Las Casas, dessen Buch über die spanischen Gräueltaten beinahe zeitgleich mit der gedruckten Vorlesung de Vitorias weithin Beachtung fand.[102] Im protestantischen England weckte es unter dem Titel *Spanish Cruelties* oder *The Tears of the Indians* reges Interesse. Als sich die Engländer gegen Ende des 16. Jahrhunderts entschlossen, in Amerika gegen die Spanier Stellung zu beziehen, entwarfen sie früh abweichende Bilder von den Indigenen – und nahmen damit im Grunde, ohne es zu wissen, die Überlegungen de Vitorias auf. Die Indianer erschienen in englischen Briefen und Reiseberichten als Menschen, die in einer Art Goldenem Zeitalter lebten. Die Eingeborenen wirkten, wie Jill Lepore hervorhebt, nun wie die eigenen mythischen Vorfahren, »und die Neue Welt war die Älteste unter allen Welten«, und sie zitiert John Locke mit seinem Satz »So war die ganze Welt zu Beginn ein Amerika.«[103] Eine neue Form der Landnahme setzte ein, bei der Vorstellungen von der Gleichheit des Menschen und echte Ansiedlung in Kolonien an die Stelle von Eroberungen zum Zweck der Ausbeutung traten. Dass in der Folge die eingeborenen Indianer aber ebenfalls ins Hintertreffen gerieten und bis ins 19. Jahrhundert in den Indianerkriegen brutal bekämpft und schließlich in Reservaten zusammengepfercht wurden, braucht nicht eigens hervorgehoben zu werden. Immerhin taten sich 100 Jahre nach der spanischen Landnahme andere, neuartige Perspektiven auf. Aber auch diese gehören rückblickend zur »welthistorischen Tragödie«, wie Bernd Roeck das mit den Entdeckungsreisen beginnende Zeitalter weltweiter Staatenkonkurrenz nannte: »Heilige Kriege verflochten sich mit Kämpfen um weltliche Macht.«[104] Und doch kann Jill Lepore am Anfang ihrer neuen Geschichte der Vereinigten Staaten von Amerika eine bestürzende Beobachtung mit einem helleren Ausblick kombinieren: »Die Gründungswahrheiten der Nation wurden in einem Schmelztiegel der Gewalt geschmiedet, sie waren das Ergebnis von außerordentlicher Grausamkeit, Eroberung und Gemetzel, der Ermordung ganzer Welten. Man kann sagen, dass die Geschichte der Vereinigten Staaten 1492 beginnt, weil die Idee der Gleichheit der entschlossenen Ablehnung der Idee der Ungleichheit entsprang […]. Gegen Eroberung, Gemetzel und Sklaverei richtete sich die dringende und bleibende Frage: ›Mit welchem Recht?‹«[105]

Das in zahlreichen Buchdrucken greifbare und aus heutiger Sicht als Medienereignis zu bezeichnende Thema »Neue Welt« wurde zuvor im Kontext der seit dem 16. Jahrhundert tobenden Glaubenskämpfe jedoch selbst Gegenstand religiöser Konkurrenz. Das außergewöhnliche ethnografische Werk von Bernardino de Sahagún haben wir bereits kennengelernt. Aber nicht nur Texte in aztekischen Sprachen fielen der Inquisition zum Opfer. Auch Bücher, die in protestantischen Teilen Europas schauderhafte spanische, und das hieß aus Sicht der Zeitgenossen auch immer katholische Gräueltaten beschrieben und bebilderten, standen in Südeuropa auf dem Index und wurden von der allgegenwärtigen Inquisition aus dem Verkehr gezogen. Wendige Produzenten wie Theodor de Bry redigierten und zeichneten daher für beide Märkte. Dem Norden bot er

Bilder spanischer Gräueltaten, die er im Süden wegließ, um so erfolgreich die spanische Inquisition zu umgehen.[106] Dieser Zeitgeist lässt sich an einem Buch gut studieren: 1598 erschien in Frankfurt die erste lateinische Übersetzung von Bartolomé de Las Casas' *Brevísima relación de la destrucción de las Indias occidentales*, ausgestattet mit 17 Kupferstichen von de Bry. Sie ließen an Brutalität und Gewaltdarstellung keinen Wunsch des zeitgenössischen Publikums unerfüllt. So bebilderte de Bry beispielsweise Beschreibungen von qualvollen Hinrichtungen: »Gewöhnlich töteten sie die Herren und Adeligen auf diese Weise: Sie machten einen Bratrost aus Stäben, die sie auf Gabelstützen legten, darauf banden sie die Opfer fest, und unter ihnen entzündeten sie ein schwaches Feuer, damit sie ganz allmählich, während ihnen die Qualen verzweifelte Schreie abpressten, die Seele aushauchten.«[107]

Unversehens finden wir uns in antiken Gewaltbildern wieder.[108] Die Erfindung dieses Bratrostes schrieb man einst dem sizilischen Tyrannen Agathokles zu. Später erzählte der christliche Dichter Prudentius um 400 n. Chr. von demselben Marterwerkzeug, um der Brutalität römischer Christenverfolger die Tapferkeit christlicher Märtyrer gegenüberzustellen, die genüsslich die Qualen auf dem Bratrost ertrugen, da ihnen ein Leben im Jenseits bevorstand.[109] In den frühen Reiseberichten illustrierten schreckliche Fabelwesen, die man aus antiken Texten kannte, die Fremdheit der Neuen Welt. Einige Jahrzehnte schien es, als seien die Eroberer selbst zu jenen brutalen Monstern mutiert, deren aktuelle Gräueltaten sich wiederum ausgezeichnet mit antiken Bildern illustrieren ließen.

Doch die Gelehrten gingen einen entscheidenden Schritt weiter. In verschiedenen ethnologischen Betrachtungen wurden nun die Indianer mit den antiken Menschen gleichgesetzt beziehungsweise verglichen. So ließen sich durch Feldstudien an den Eingeborenen in Amerika auch die antiken Berichte besser verstehen und viele Nachrichten als fiktiv entlarven. Berichte über die Indianer und antike Berichte über fremde Völker sowie eigentümliche Rituale wie Menschenopfer konnten zum besseren

Verständnis aufeinander bezogen werden. Auf diese Weise entstand eine neue Form des Kulturvergleichs. Was Las Casas bereits begonnen hatte, wurde in der 1724 publizierten, konsequenten Gegenüberstellung der Kulturen von Joseph-François Lafitau unter dem Titel *Mœurs des sauvages amériquains comparées aux mœurs des premiers temps (Die Sitten der amerikanischen Wilden im Vergleich zu den Sitten der Frühzeit)* besonders intensiv und innovativ fortgeführt. In den neuen Nachrichten erkannte Lafitau nun »Fußstapfen des entfernten Altertums«. So hätten ihm die »alten Schriftsteller […] einiges Licht gegeben«, wie »auch die Gewohnheiten der Wilden dazu beförderlich gewesen [sind], vieles, was die Alten in ihren Schriften anführen, desto leichter zu verstehen.«[110]

Beide Arten von Berichten, die antiken wie die modernen, konnten als Fiktionen entlarvt werden. Antike Berichte über fremde Welten hatten die Reisenden der Renaissance als kulturelles Gepäck Jahrhunderte begleitet, gaben ihnen scheinbar Orientierung und wurden dankbar weitererzählt. Dies erwies sich auch deshalb als fruchtbar, weil Könige und Päpste mit den holzschnittartigen Bildern über die fremden Welten und ihre Bewohner auf jegliche ethisch-moralischen Koordinaten bei der Unterwerfung Fremder glaubten verzichten zu können. Im Austausch von Kostbarkeiten versicherte man sich der Richtigkeit dieser Haltung, genoss die Feste und das Schwelgen in Reichtum. Die Förderung der Künste und die Investition in monumentale Architektur spiegelte diese Allmachtsphantasien und unterstrich die Behauptung, alle Untertanen könnten, auch wenn ihnen dieses Leben selbst vorenthalten blieb, zumindest staunend daran Anteil haben.

Es gab, wie Las Casas, Montesinos oder schließlich Lafitau exemplarisch erkennen lassen, unbeabsichtigte Nebenwirkungen. Es meldeten sich – sehr zum Unmut der Könige – aufrechte Kirchenmänner zu Wort, die es bei ihrer Missionstätigkeit anders als viele ihrer Glaubensbrüder nicht mehr ertrugen, das Leid und Elend von Millionen dahinsterbenden Indigenen klaglos mitanzuschauen. Ihre eindrucksvollen Texte waren ein tiefer Stachel im Festgewand der Herrschenden wie der Kirchenmänner.

Die Texte ließen sich zeitweise ignorieren oder gar durch Restriktionen verstecken, ihre Verbreitung entwickelte aber eine eigene Dynamik, sodass sich immer neue Stimmen zu Wort meldeten, die Menschlichkeit einforderten.

Letztlich ging es ihnen darum, dass sich Menschen als Menschen begegneten. Die Eroberer erschienen in ihrer Sicht in ihrem Handeln nicht besser als die Eingeborenen, die von den Konquistadoren verabscheut wurden. Und selbst die Europäer schienen sich in den Augen der Gelehrten in vielen Gräueltaten nicht von den sogenannten Wilden zu unterscheiden. Michel de Montaigne etwa hob zu Beginn des 16. Jahrhunderts hervor, man müsse, wenn man unvoreingenommene Nachrichten aus der »Neuen Welt« suche, sich einen möglichst schlichten Gewährsmann suchen, »dass er sich Fiktionen gar nicht auszudenken und als glaubwürdig hinzustellen vermag; auch sollte er sich keinerlei vorgefassten Meinung verschrieben haben«. Dann werde man feststellen, dass »die Eingebornen in jener anderen Welt nichts Barbarisches oder Wildes an sich haben, oder doch nur insofern, als jeder das *Barbarei* nennt, was bei ihm ungebräuchlich ist«.[111] Ja, die Europäer dürften zwar »die Menschenfresser also nach Maßgabe der Vernunftregeln durchaus *Barbaren* nennen, nicht aber nach Maßgabe unsres eigenen Verhaltens, da wir sie in jeder Art von Barbarei übertreffen.«[112] So wie die Eingeborenen uns in ihren Taten fremd seien, so erschienen die Eroberer ihnen ebenfalls in vielen äußerst brutalen Hinrichtungspraktiken fremd, bei denen sie sich am Leiden der Feinde erfreuten: »Was mich ärgert, ist keineswegs, dass wir mit Fingern auf die barbarische Grausamkeit solcher Handlungen zeigen, sehr wohl aber, dass wir bei einem derartigen Scharfblick für die Fehler der Menschenfresser unseren eignen gegenüber so blind sind. Ich meine, es ist barbarischer, sich an den Todesqualen eines lebendigen Menschen zu weiden, als ihn tot zu fressen: barbarischer, einen noch alles fühlenden Körper auf der Folterbank auseinanderzureißen, ihn stückchenweise zu rösten, ihn von Hunden und Schweinen zerbeißen und zerfleischen zu lassen (wie wir es nicht nur gelesen haben, sondern in frischer Erinnerung noch vor uns sehen: keineswegs zwischen alten Feinden, sondern zwischen Nachbarn und Mitbürgern und, was noch schlimmer ist, unter dem Vorwand von Frömmigkeit und Glaubenstreue), als ihn zu braten und sich einzuverleiben, nachdem er sein Leben ausgehaucht hat.« Diese Gegenüberstellung von Grausamkeiten, bei denen die »Alte Welt« viel düsterer als die »Neue« erschien, ist als Versuch Montaignes zu werten, für ein gütliches Miteinander der »Alten« mit der »Neuen Welt« zu werben und an einem gemeinsamen Projekt der Menschlichkeit zu arbeiten. Als 1584 der Engländer Walter Raleigh im Auftrag der englischen Königin Elisabeth eine erste Expedition nach Nordamerika entsandte, gab er den Seefahrern nicht nur ein Exemplar der Geschichte spanischer Gräueltaten von Las Casas mit, sondern legte ihnen auch die Lektüre Michel de Montaignes ans Herz, den er sehr schätzte.

Eine einfache Adaption antiker Erzählungen wie noch zu Beginn der Entdeckungsreisen wurde im Zeitalter der Aufklärung jedenfalls obsolet. Zunehmend wurden die antiken Texte mit einer gehörigen Portion Skepsis gelesen. Unter dieser Voraussetzung konnte ganz allmählich ein neuer Blick auf die Bewohner der »Neuen Welt« geschult werden.

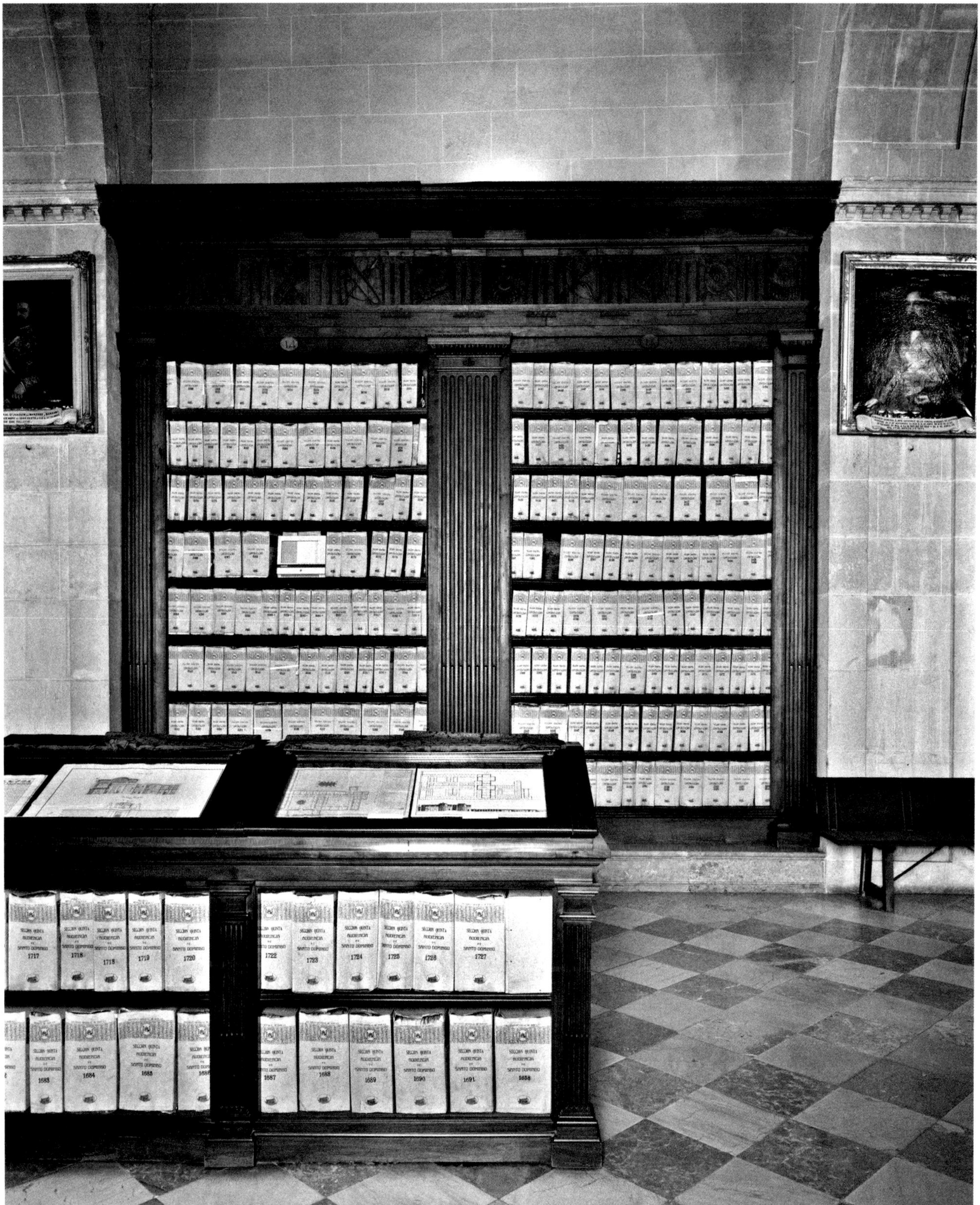
SECCION QUINTA
AUDIENCIA DE
SANTO DOMINGO

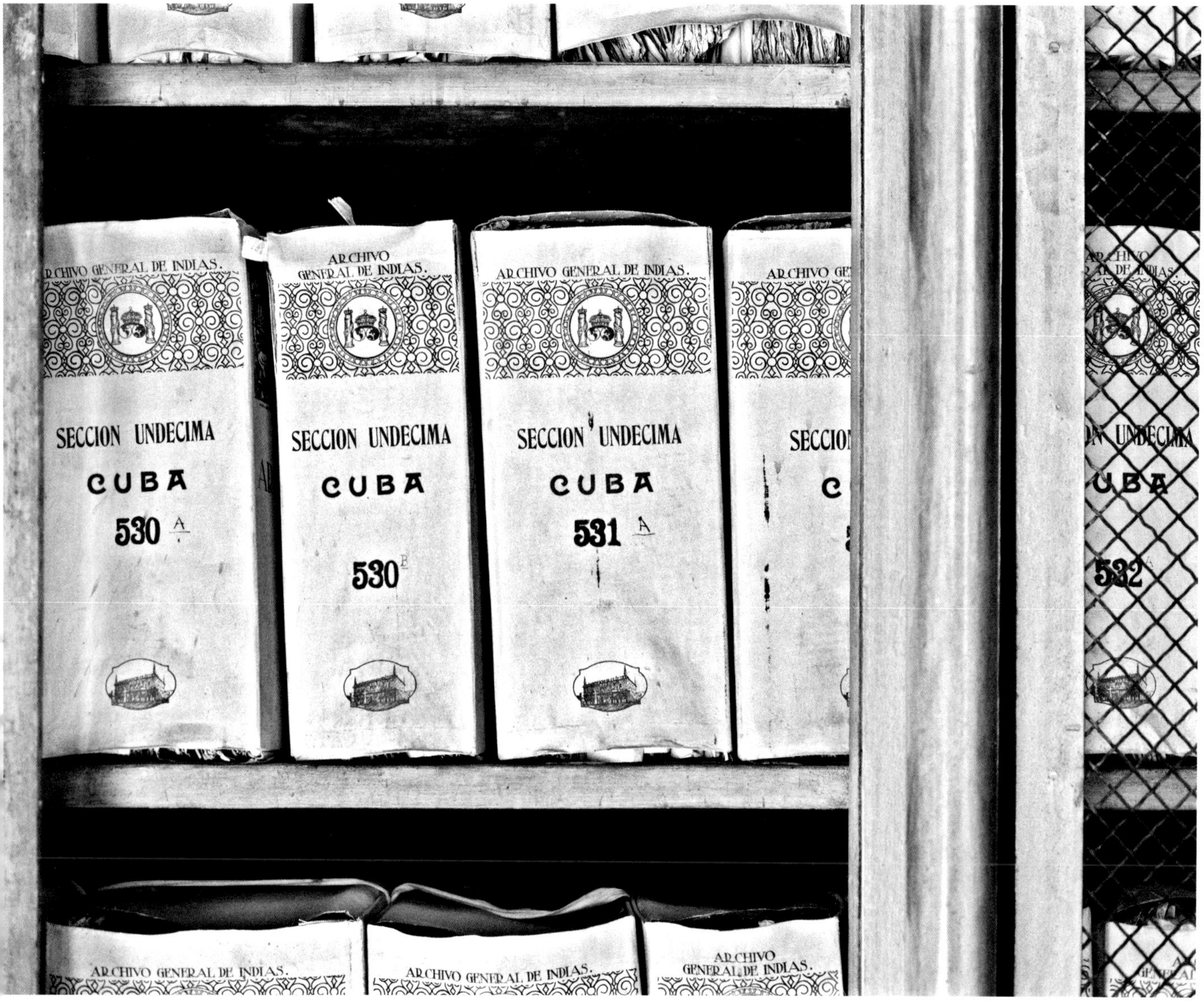
ARCHIVO GENERAL DE INDIAS.
SECCION UNDECIMA
CUBA
530 A
ARCHIVO GENERAL DE INDIAS.
SECCION UNDECIMA
CUBA
530 B
ARCHIVO GENERAL DE INDIAS.
SECCION UNDECIMA
CUBA
531 A
ARCHIVO GENERAL DE INDIAS.
ARCHIVO GENERAL DE INDIAS.
ARCHIVO GENERAL DE INDIAS.

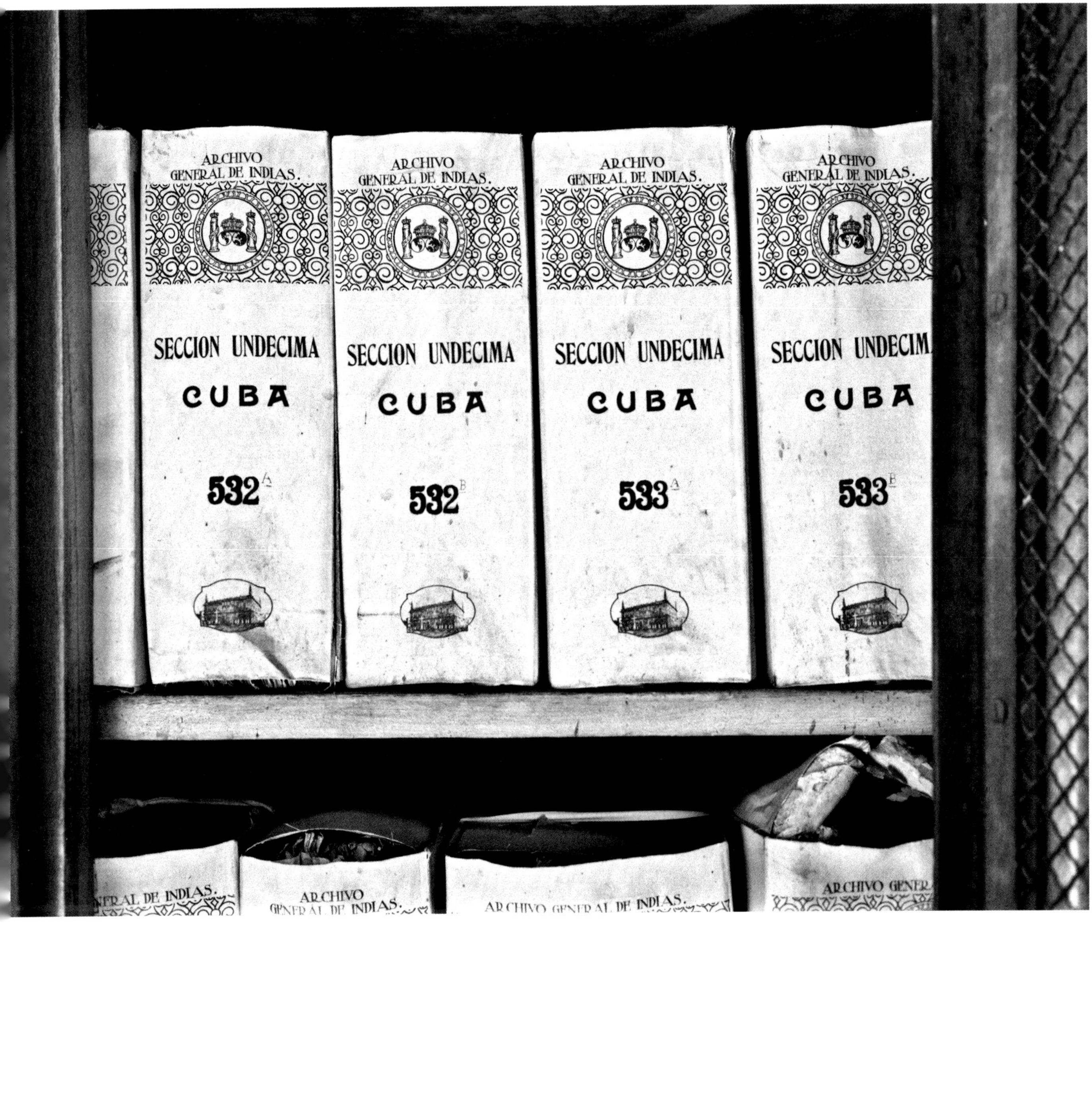
ARCHIVO
GENERAL DE INDIAS.
SECCION UNDECIMA
CUBA
532 A
ARCHIVO
GENERAL DE INDIAS.
SECCION UNDECIMA
CUBA
532 B
ARCHIVO
GENERAL DE INDIAS.
SECCION UNDECIMA
CUBA
533 A
ARCHIVO
GENERAL DE INDIAS.
SECCION UNDECIMA
CUBA
533 B
ARCHIVO
GENERAL DE INDIAS.
ARCHIVO GENERAL DE INDIAS.

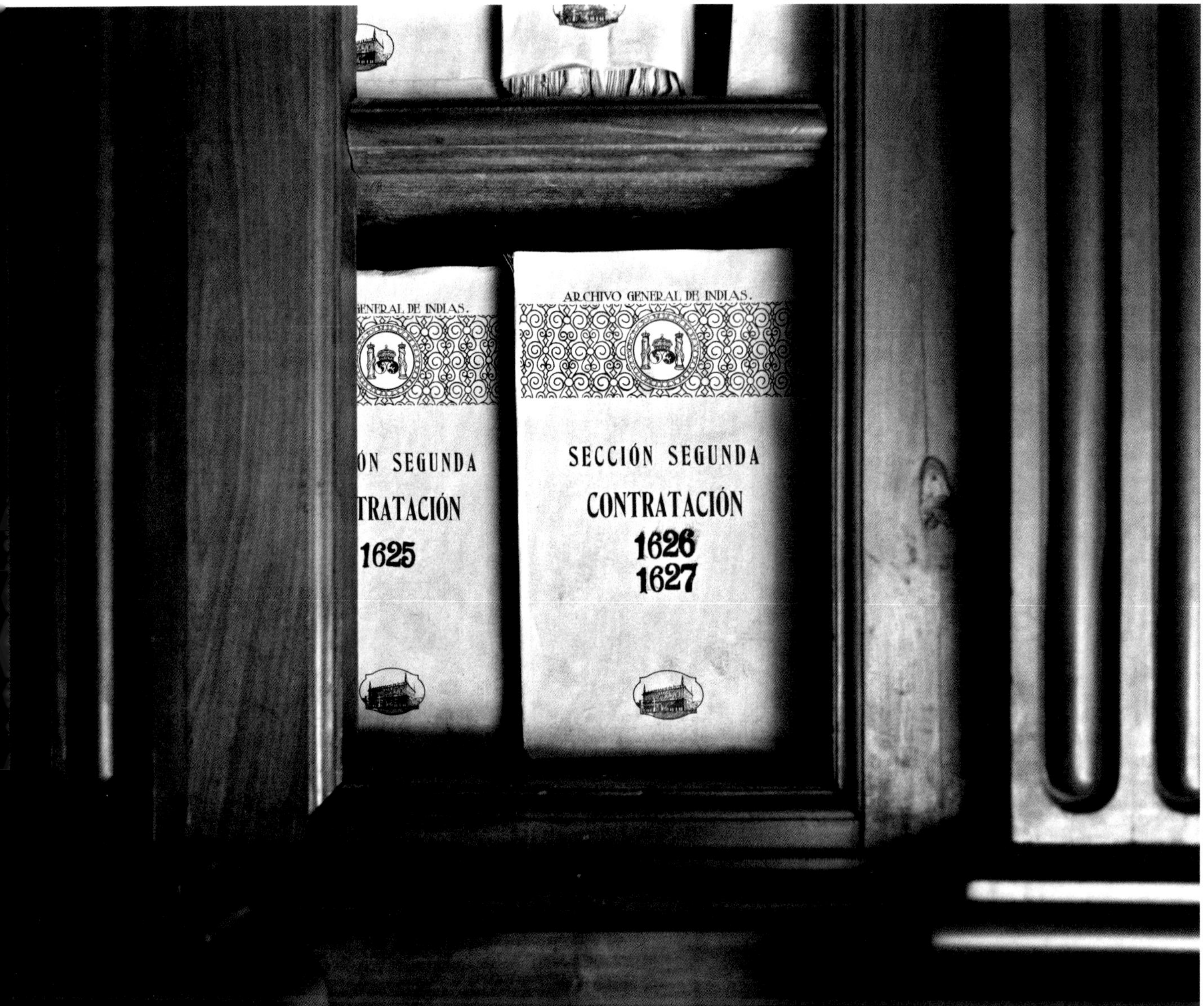

GENERAL DE INDIAS.
ÓN SEGUNDA
TRATACIÓN
1625
ARCHIVO GENERAL DE INDIAS.
SECCIÓN SEGUNDA
CONTRATACIÓN
1626
1627

Anmerkungen

Die ungeheure Menge an Literatur, die zu den in diesem Buch angesprochenen Themen existiert, ist nicht in Ansätzen zu würdigen. Auch kann nicht alles genannt werden, was zu konsultieren war. Zumindest jene Bücher, denen ich wichtige Einsichten und bemerkenswerte Zitate verdanke, sind in die Endnoten aufgenommen. Ich danke Arndt Brendecke, Christine Depta, Henry Heitmann-Gordon, Michael Hochgeschwender, Elisabeth Hüls, Viola Muraro und Paul Otting für Lektüre und kritische Anmerkungen.

1 Siehe Martin Zimmermann: »Ganz nah am Menschen – Reisen, Zeiten, Orte, Spuren«, in: Ursula Schulz-Dornburg: *The Land in Between. Fotografien von 1980 bis 2012*, hg. von Martin Engler, Mack Books: London 2018, S. 265–273.

2 Siegfried Kracauer: »Die Photographie«, in: ders.: *Das Ornament der Masse. Essays*, Suhrkamp: Frankfurt am Main 1977, S. 21–39, hier S. 29f.

3 Braulio Vázquez Campos (Hg.): *El viaje más largo: La primera vuelta al mundo*, Acción Cultural Española: Madrid 2019.

4 Achille Mbembe: »The Power of the Archive and its Limits«, in: *Refiguring the Archive*, hg. von Carolyn Hamilton et al., David Philip Publishers: Kapstadt 2002, S. 19–27.

5 Siehe hierzu allgemein: José María de la Peña y Cámara: *Archivo General de Indias de Sevilla. Guía del visitante*, Dirección General de Archivos y Bibliotecas: Madrid 1958; Pedro González García (Hg.): *Discovering the Americas. The Archive of the Indies*, Vendome Press: New York/Paris 1997.

6 Antonia Heredia Herrera: *La Lonja de Mercaderes. El cofre para un tesoro singular*, Diputación Provincial de Sevilla: Sevilla 1992.

7 Antonio Ballesteros Beretta: »Juan Bautista Muñoz: la creación del Archivo de Indias«, in: *Revista de Indias* 4 (2. Jg./1941), S. 55–95.

8 Es handelte sich vor allem um die Bücher von William Robertson: *History of America*, London 1777 und Guillaume-Thomas Raynal: *Histoire philosophique et politique des établissements et du commerce des Européens dans les deux Indes*, Amsterdam 1770; zwei Bücher, die aus Sicht der Spanier eine *leyenda negra* (»Schwarze Legende«, ein von dem Historiker Julián Juderías Anfang des 20. Jahrhunderts verbreiteter Begriff) von der spanischen Herrschaft entstehen ließen, der nun auf Grundlage der Dokumente eine neue Sicht entgegengestellt werden sollte. Siehe die Neuauflage Julián Juderías: *La leyenda negra: Estudios acerca del concepto de España en el extranjero*, Junta de Castilla y León: Valladolid 2003.

9 Siehe auch González García: *Discovering the Americas*, op. cit., S. 32–34.

10 Siehe den Überblick bei Mariano Delgado: *Das spanische Jahrhundert (1492–1659). Politik – Religion – Wirtschaft – Kultur*, Wissenschaftliche Buchgesellschaft: Darmstadt 2016.

11 Zum Hintergrund spanischer Expansion, Verwaltung und Wissenskultur umfassend: Arndt Brendecke: *Imperium und Empirie. Funktionen des Wissens in der spanischen Kolonialherrschaft*, Böhlau Verlag: Köln/Weimar/Wien 2009.

12 Siehe hierzu die 1480 beginnenden Inventarlisten bei de la Peña y Cámara: *Archivo General de Indias de Sevilla*, op. cit., S. 80–145.

13 Siehe die Bemerkungen zur Entstehung eines neuen Imperiums nach dem Sieg über die Muslime in Granada am 2. Januar 1492 und die Bedeutung der Sprache für dieses Reich im Prolog Nebrijas bei Axel Schönberger (Hg.): *Die Gramática de la lengua castellana des Antonio de Nebrija*. Kastilischer Text und kommentierte deutsche Übersetzung der

ersten spanischen Grammatik aus dem Jahre 1492. Teil 1, Valentia: Frankfurt am Main 2016, S. 35–37, mit Kommentar S. 44–47.

14 Marc-André Grebe: *Akten, Archive, Absolutismus? Das Kronarchiv von Simancas im Herrschaftsgefüge der spanischen Habsburger (1540–1598)*, Vervuert: Frankfurt am Main 2012.

15 Zur Archivpraxis der Zeit und zur Zirkulation des Wissens außerhalb der Archive siehe Arndt Brendecke: »*Arca, archivillo, archivo*‹: the keeping, use and status of historical documents about the Spanish *Conquista*«, in: *Archival Science* 10 (3/2010), S. 267–283.

16 Bernhard Siegert: *Passagiere und Papiere. Schreibakte auf der Schwelle zwischen Spanien und Amerika*, Wilhelm Fink Verlag: München/Zürich 2006.

17 Jacques Derrida: *Dem Archiv verschrieben. Eine Freudsche Impression*, übers. von Hans-Dieter Gondek und Hans Naumann, Brinkmann & Bose: Berlin 1997.

18 Juan Bautista Muñoz: *Historia del Nuevo-Mundo*. Erster Band, Ibarra: Madrid 1793.

19 John H. Elliott: *Die Neue in der Alten Welt. 1492–1650*, übers. v. Christa Schuenke, Wagenbach: Berlin 1992.

20 Alle Zitate wiedergegeben, nach ebd., S. 20, Zitat von Adam Smith ebd., S. 13.

21 Hierzu ausführlich Toby Lester: *Der vierte Kontinent: Wie eine Karte die Welt veränderte*, übers. von Klaus Binder und Bernd Leineweber, Berlin Verlag: Berlin 2010.

22 Zitiert nach: Matthias Meyn et al. (Hg.): *Die großen Entdeckungen*, C.H. Beck: München 1984 (= *Dokumente zur Geschichte der europäischen Expansion* 2), S. 17.

23 Lester: *Der vierte Kontinent*, op. cit., S. 19.

24 Ebd.

25 Ebd., S. 20.

26 Ebd., S. 21f.

27 Thomas Schölderle: »Ikonografie der Utopie. Bilderwelten und ihr Symbolgehalt im utopischen Diskurs der Frühen Neuzeit«, in: *Neue Diskurse der Gelehrtenkultur in der Frühen Neuzeit. Ein Handbuch*, hg. von Herbert Jaumann und Gideon Stiening, De Gruyter: Berlin/Boston 2016, S. 507–563; ders.: *Geschichte der Utopie: eine Einführung*, Böhlau Verlag: Köln/Weimar/Wien, 2. aktualisierte Auflage 2017.

28 Siehe zu Reiseberichten die methodischen und theoretischen Überlegungen bei Mary C. Fuller: *Voyages in Print. English Travel to America 1576–1624*, Cambridge University Press: Cambridge 1995; dies.: *Remembering the Early Modern Voyage. English Narratives in the Age of European Expansion*, Palgrave Macmillan: New York 2008 und Franziska Hilfiker: *Sea Spots. Perzeption und Repräsentation maritimer Räume im Kontext englischer und niederländischer Explorationen um 1600*, Böhlau Verlag: Köln/Weimar/Wien 2019.

29 Robert Poole: *Earthrise. How Man First Saw the Earth*, Yale University Press: New Haven 2008. Vgl. Denis Cosgrove: *Apollo's Eye. A Cartographic Genealogy of the Earth in the Western Imagination*, Johns Hopkins University Press: Baltimore 2003, S. 257–267.

30 Interviews mit den Astronauten aus dem Kurzfilm *Overview* (USA 2012, Regie: Guy Reid), abrufbar unter: https://www.youtube.com/watch?v=CHMI-fOecrlo.

31 Frank White: *The Overview Effect. Space Exploration and Human Evolution*, Houghton-Mifflin: Boston 1987 (seither mit verschiedenen Neuauflagen, auf Deutsch: *Der Overview-Effekt. Die erste interdisziplinäre Auswertung von 20 Jahren Weltraumfahrt*, übers. von Erwin Schuhmacher, Scherz: Bern/München/Wien 1989). Ferner Douglas A. Vakoch (Hg.): *Psychology of Space Exploration: Contemporary Research in Historical Perspective*, National Aeronautics and Space Administration: Washington, DC 2011 (= *The NASA History Series*); ders. (Hg.): *On Orbit and Beyond. Psychological Perspectives on Human Spaceflight*, Springer: Berlin/Heidelberg 2013 (= *Space Technology Library* 29).

32 Vgl. Kurzfilm *Overview*, op. cit.

33 Die Zitate finden sich auf der Homepage des Instituts: https://overviewinstitute.org.

34 Wichtige Anstöße formulierte in seinen Arbeiten Paul Virilio, z. B. in: *L'espace critique. Essai*, Christian Bourgois: Paris 1984. Siehe hierzu Denis Cosgrove: *Geography and Vision. Seeing, Imagining and Representing the World*, I.B. Tauris: New York/London 2008.

35 Siehe den anregenden Versuch, aktuelle Zeitphänomene zu kartieren, bei Alastair Bonnett: *Atlas unserer Zeit. 50 Karten eines sich rasant verändernden Planeten*, übers. von Theresia Übelhör, DuMont: Köln 2017.

36 Siehe die Beiträge in Michael Rathmann (Hg.): *Wahrnehmung und Erfassung geographischer Räume in der Antike*, von Zabern: Mainz 2007; zur Karte und zur hier markierten Megacity siehe Karen Radner: *A Short History of Babylon*, Bloomsbury Academic: London u.a. 2020, S. 111–138.
37 Siehe etwa Uvo Hölscher: *Die Odyssee. Epos zwischen Märchen und Roman*, C.H. Beck: München, 2. Auflage 1989.
38 Martin Zimmermann: *Die seltsamsten Orte der Antike. Gespensterhäuser, Hängende Gärten und die Enden der Welt*, C.H. Beck: München 2018.
39 Siehe Raimund Schulz: *Abenteurer der Ferne: Die großen Entdeckungsfahrten und das Weltwissen der Antike*, Klett-Cotta: Stuttgart 2016.
40 Johannes Hahn (Hg.): *Alexander in Indien 327–325 v. Chr.*, Jan Thorbecke Verlag: Stuttgart 2000.
41 Zur Erklärung der Erzählungen siehe Michel Peissel: *The Ants' Gold. The Discovery of the Greek El Dorado in the Himalayas*, Harvill: London 1984; Dominik Berrens: *Soziale Insekten in der Antike. Ein Beitrag zu Naturkonzepten in der griechisch-römischen Kultur*, Vandenhoeck & Ruprecht: Göttingen 2018.
42 Josef Wiesehöfer: »Ein König erschließt und imaginiert sein Imperium: Persische Reichsordnung und persische Reichsbilder zur Zeit Dareios' I. (522–486 v. Chr.)«, in: Rathmann (Hg.): *Wahrnehmung und Erfassung*, op. cit., S. 31–40.
43 Herodotus 1.134, in: ders.: *Historien*, Bd. 1, hg. von Josef Feix, Artemis Verlag: München/Zürich 1988, S. 129–131.
44 Siehe etwa Burkhard Schnepel/Gunnar Brands/Hanne Schönig (Hg.): *Orient – Orientalistik – Orientalismus. Geschichte und Aktualität einer Debatte*, Transcript: Bielefeld 2011.
45 Hierzu umfassend Mischa Meier: *Geschichte der Völkerwanderung. Europa, Asien und Afrika vom 3. bis zum 8. Jahrhundert n. Chr.*, C.H. Beck: München 2019.
46 Wilfried Nippel: »Alte und Neue Welt«, in: *Griechen, Barbaren und »Wilde«. Alte Geschichte und Sozialanthropologie*, S. Fischer Verlag: Frankfurt am Main 1990, S. 30–55; zu Alteritätsbeschreibungen siehe Jürgen Osterhammel: »Von Kolumbus bis Cook. Aspekte einer Literatur- und Erfahrungsgeschichte des überseeischen Reisens«, in: *Neue Impulse der Reiseforschung*, hg. von Michael Maurer, Akademie Verlag: Berlin 1999, S. 97–131.
47 Zitiert aus dem Schiffstagebuch nach Stephen Greenblatt: *Wunderbare Besitztümer. Die Erfindung des Fremden: Reisende und Entdecker*, übersetzt von Robin Cackett, Wagenbach: Berlin 1994, S. 118 (mit dem Kommentar des Übersetzers Robin Cackett in Anmerkung 170 auf S. 259).
48 Matthias Meyn et al. (Hg.): *Der Aufbau der Kolonialreiche*, C.H. Beck: München 1987 (= *Dokumente zur Geschichte der europäischen Expansion* 3), S. 27–30, Zitat S. 29.
49 Zitiert nach Greenblatt: *Wunderbare Besitztümer*, op. cit., S. 38.
50 Rudolf Simek: *Monster im Mittelalter – Die phantastische Welt der Wundervölker und Fabelwesen,* Böhlau Verlag: Köln/Weimar/Wien 2015. Siehe auch zur Bewertung der Monstren in den naturwissenschaftlichen Akademien Fabian Krämer: »*Richtig* beobachten: Zum zwiespältigen Verhältnis der *Academia Naturae Curiosorum* zu den Monstren«, in: *Acta Historica Leopoldina* 65 (2016), S. 109–130.
51 Chet van Duzer: *Seeungeheuer und Monsterfische. Sagenhafte Kreaturen auf alten Karten*, übers. von Hanne Henninger und Jan Beaufort, von Zabern: Darmstadt 2015. Siehe in diesem Zusammenhang auch den im 16. Jahrhundert vollzogenen Wandel in der wissenschaftlichen Auseinandersetzung mit Monstren durch Berücksichtigung von Empirie bei Fabian Krämer: *Ein Zentaur in London. Lektüre und Beobachtung in der frühneuzeitlichen Naturbeobachtung*, Didymos-Verlag: Affalterbach 2014.
52 Siehe jetzt die Einführungen und Kommentare in: Theodor de Bry: *America. Sämtliche Tafeln 1590–1602*, hg. von Michiel van Groesen und Larry E. Tise: Taschen Verlag: Köln 2019.
53 Elliott: *Die Neue in der Alten Welt*, op. cit., S. 23, dort auch das folgende Zitat.
54 Greenblatt: *Wunderbare Besitztümer*, op. cit., S. 39.
55 Manuel Kohlert: *Ideale Balance. Die politische Ökonomie der Emotionen während der spanischen Expansion*, Campus Verlag: Frankfurt/New York 2019, S. 129–148 (zur »Dynamik der Gier«); Stefan Rinke: *Conquistadoren und Azteken. Cortés und die Eroberung Mexikos*, C.H. Beck: München 2019.
56 Zum Hintergrund mit weiteren Hinweisen: Neil Cof-

fee: *Gift and Gain. How Money Transformed Ancient Rome*, Oxford University Press: Oxford 2017.

57 Zitiert nach: Reinhard Wendt: »Seit 1492: Begegnung der Kulturen«, in: *Frühe Neuzeit*, hg. von Anette Völker-Rasor, Oldenbourg Verlag: München 2000, S. 69–86, hier S. 82.

58 Zitiert nach Kohlert: *Ideale Balance*, op. cit., S. 140.

59 Martin Zimmermann: »Der Troianische Krieg in der Legitimation vom archaischen Griechenland bis zur Türkei der Gegenwart«, in: *Der Krieg in den Gründungsmythen europäischer Nationen und der USA*, hg. von Nikolaus Buschmann und Dieter Langewiesche: Campus Verlag: Frankfurt/New York 2004, S. 398–418.

60 Zur politischen Struktur des Mittelmeerraumes in diesen Jahrzehnten siehe David Abulafia: *Das Mittelmeer: Eine Biographie*, übers. von Michael Bischoff, S. Fischer Verlag: Frankfurt am Main 2011, S. 529–549.

61 Siehe Stefanie Fricke: *Narrating the Self, Narrating the Other: British Captivity Narratives of the Long Eighteenth Century*, WVT: Trier 2020 [im Erscheinen].

62 Zitiert nach Christian Jostmann: *Magellan oder Die erste Umsegelung der Erde*, C.H. Beck: München, 3. Auflage 2020, S. 65.

63 Beatriz Pastor Bodmer: *The Armature of Conquest. Spanish Accounts of the Discovery of America, 1492–1589*, übers. von Lydia Longstreth Hunt, Stanford University Press: Stanford 1992; Kohlert: *Ideale Balance*, op. cit., S. 293–298. Siehe auch die deutsche Ausgabe Álvar Núñez Cabeza de Vaca: *Schiffbrüche. Die Unglücksfahrt der Narváez-Expedition nach der Südküste Nordamerikas 1528–1536*, hg. von Walter Krickeberg, Verlagshaus Römerweg: Wiesbaden, 2. Auflage 2018.

64 Zu Lorenzo Valla und zum zeitgenössischen Hintergrund: Arnold Esch: *Rom. Vom Mittelalter zur Renaissance, 1378–1484*, C.H. Beck: München 2016, S. 191f.

65 Silvio A. Bedini: *Der Elefant des Papstes*, übers. von Klaus Kochmann, Klett-Cotta: Stuttgart 2006.

66 Matthias Winner: »Raffael malt einen Elefanten«, in: *Mitteilungen des Kunsthistorischen Institutes in Florenz* 11 (2/3, 1964), S. 71–109.

67 Zitiert nach Bedini: *Der Elefant des Papstes*, op. cit., S. 76, die beiden nachfolgenden Zitate nach ebd., S. 77.

68 Ida Östenberg: *Staging the World. Spoils, Captives, and Representations in the Roman Triumphal Procession*, Oxford University Press: Oxford 2009.

69 Winner: »Raffael malt einen Elefanten«, op. cit., S. 105f.

70 Ebd., S. 89.

71 Bedini: *Der Elefant des Papstes*, op. cit., S. 179f.

72 Ebd., S. 93.

73 Alberto de la Hera Pérez-Cuesta: »La primera división del océano entre Portugal y Castilla«, in: *El Tratado de Tordesillas y su época*. Bd. 2, hg. von Luis Antonio Ribot García, Adolfo Carrasco Martínez und Luis Adão da Fonseca, Sociedad V Centenario del Tratado de Tordesillas: Valladolid 1995, S. 1051–1070; Luis Adão da Fonseca/José Manuel Ruíz Asencio (Hg.): *Corpus Documental del Tratado de Tordesillas*, Sociedad V Centenario del Tratado de Tordesillas: Valladolid 1995 sowie die ausgezeichneten Überblicke bei Ute Schneider: »Tordesillas 1494 – Der Beginn einer globalen Weltsicht«, in: *Saeculum* 53/54 (1/2, 2003), S. 39–62; Brendecke: *Imperium und Empirie*, op. cit., S. 110–119.

74 Ferdinand Gregorovius: *Geschichte der Stadt Rom im Mittelalter* [1859–1872]. Bd. 2, W. Jess: Dresden 1926, S. 773.

75 Zitiert nach Jill Lepore: *Diese Wahrheiten. Eine Geschichte der Vereinigten Staaten von Amerika*, übers. von Werner Roller, C.H. Beck: München 2019, S. 41. (dort zitiert nach: Eric Williams: *Capitalism and Slavery*, University of California Press: Chapel Hill 1994, S. 4).

76 Lepore: *Diese Wahrheiten*, op. cit., S. 41.

77 Ute Schneider: *Die Macht der Karten. Eine Geschichte der Kartographie vom Mittelalter bis heute*, Theiss: Darmstadt, 4. Auflage 2018, S. 94–100.

78 Edward Wilson-Lee: *The Catalogue of Shipwrecked Books. Young Columbus and the Quest for a Universal Library*, William Collins: London 2018, zu Badajoz besonders S. 242–252.

79 Das erste Zitat bei Anna-Dorothee von den Brincken: »Mappa mundi und Chronographia. Studien zur *imago mundi* des abendländischen Mittelalters«, in: *Deutsches Archiv für Erforschung des Mittelalters* 24 (1968), S. 118–186, hier S. 119; das zweite Zitat bei Brendecke: *Imperium und Empirie*, op. cit., S. 97; siehe ferner Jerry Brotton: »Terrestrial Globalism. Mapping the Globe in Early Modern Europe«, in:

Mappings, hg. von Denis Cosgrove, Reaktion Books: London 1999, S. 71–89.

80 Zitiert nach Brendecke: *Imperium und Empirie*, op. cit., S. 114.

81 Reinhard Wendt: *Vom Kolonialismus zur Globalisierung. Europa und die Welt seit 1500*, Schöningh: Paderborn/München/Wien/Zürich 2007.

82 Das erste Kolumbus-Zitat nach Consuelo Varela (Hg.): *Cristóbal Colón. Textos y documentos completos*, Alianza: Madrid 1997, S. 376f. Das zweite nach Greenblatt: *Wunderbare Besitztümer*, op. cit., S. 123.

83 Philip E. Steinberg: »Lines of Division, Lines of Connection: Stewardship in the World Ocean«, in: *Geographical Review* 89 (2/1999), S. 254–264.

84 Brendecke: *Imperium und Empirie*, op. cit., S. 123.

85 Lester: *Der vierte Kontinent*, op. cit., S. 456.

86 Siehe Mariano Cuesta Domingo: »El Tratado de Tordesillas y la cartografía en la época de los Reyes Católicos«, in: *El Tratado de Tordesillas en la cartografía histórica*, hg. von Juan Vernet und Jesús Varela Marcos, Sociedad V Centenario del Tratado de Tordesillas: Valladolid 1994, S. 53–84.

87 Schneider: »Tordesillas 1494«, op. cit. Siehe ferner Brotton: »Terrestrial Globalism«, op. cit. und Cosgrove: *Apollo's Eye*, op. cit., S. 11f. (zu Tordesillas) sowie S. 79–101; ders.: *Geography and Vision*, op. cit.

88 Beginn der Predigt zum 4. Advent 1517, zitiert nach Meyn et al.: *Der Aufbau der Kolonialreiche*, op. cit., S. 489–497, hier S. 493.

89 Siehe Brendecke: *Imperium und Empirie*, op. cit., S. 34–37.

90 Siehe nur Friedrich Edelmayer: »Hispanoamerika im 16. Jahrhundert«, in: *Die Neue Welt. Süd- und Nordamerika in ihrer kolonialen Epoche*, hg. von F. Edelmayer/Margarete Grandner/Bernd Hausberger, Promedia: Wien 2001, S. 61–82, bes. S. 70–73.

91 Zitiert nach Lepore: *Diese Wahrheiten*, op. cit., S. 46 (aus Alfred W. Crosby: *Die Früchte des weißen Mannes. Ökologischer Imperialismus 900–1900*, Campus Verlag: Frankfurt am Main 1991, S. 212f.).

92 Aristoteles: *Politik*, 1254 a–b, übers. und hg. von Olof Gigon, Artemis Verlag: München/Zürich, 5. Auflage 1984, S. 52–54.

93 Zitiert nach Meyn et al.: *Der Aufbau der Kolonialreiche*, op. cit., S. 489–497, hier S. 494.

94 Zitiert nach Martin Neumann: *Las Casas. Die unglaubliche Geschichte von der Entdeckung der Neuen Welt*, Herder: Freiburg u.a. 1990, S. 75.

95 Zitiert nach Meyn et al.: Der Aufbau der *Kolonialreiche*, op. cit., S. 490.

96 Lepore: *Diese Wahrheiten*, op. cit., S. 48; Kohlert: *Ideale Balance*, op. cit., S. 189–213.

97 Vorlesung *De Indis* in Francisco de Vitoria: *Vorlesungen II. Völkerrecht – Politik – Kirche*, hg. von Ulrich Horst/Heinz-Gerhard Justenhoven/Joachim Stüben, Kohlhammer: Stuttgart/Berlin/Köln 1997, S. 370–541.

98 Ebd., S. 381.

99 Ebd., die Zitate auf den Seiten 403 und 419.

100 Ebd., die Zitate auf den Seiten 425, 429 und 431f.

101 Ebd., die Zitate auf den Seiten 387, 403 und 405.

102 Mariano Delgado: *Stein des Anstoßes. Bartolomé de las Casas als Anwalt der Indios*, EOS: St. Ottilien 2011.

103 Lepore: *Diese Wahrheiten*, op. cit., S. 57.

104 Bernd Roeck: *Der Morgen der Welt. Geschichte der Renaissance*, C.H. Beck: München 2017, S. 589.

105 Lepore: *Diese Wahrheiten*, op. cit., S. 34.

106 De Bry: *America*, op. cit.

107 Bartolomé de Las Casas: *Werkauswahl*, hg. von Mariano Delgado, Bd. 2: *Historische und ethnographische Schriften*, Schöningh: Paderborn/München/Wien/Zürich 1995, S. 71.

108 Siehe allgemein Bruno Rech: »Zum Nachleben der Antike im spanischen Überseeimperium. Der Einfluss antiker Schriftsteller auf die *Historia general y natural de las Indias* des Gonzalo Fernández de Oviedo (1478–1557)«, in: *Spanische Forschungen der Görres-Gesellschaft* 31 (1984), S. 181–244; ders.: »Bartolomé de Las Casas und die Antike«, in: *Humanismus und Neue Welt*, hg. von Wolfgang Reinhard, VCH: Weinheim 1987 (= *Acta Humaniora*), S. 167–197; David A. Lupher: *Romans in a New World: Classical Models in Sixteenth-century Spanish America*, University of Michigan Press: Ann Arbor 2003.

109 Martin Zimmermann: *Gewalt – Die dunkle Seite der Antike*, DVA: München 2013, S. 371f.

110 Nippel: *Griechen, Barbaren und »Wilde«*, op. cit., S. 54.

111 Michel de Montaigne: »31: Über die Menschenfresser«, in: ders.: *Essais*, übers. von Hans Stilett, Eichborn: Frankfurt am Main 1998, S. 109–115, besonders S. 110f. (Hervorhebung im Original).

112 Ebd., S. 113., dort auch das nachfolgende Zitat (Hervorhebung im Original).

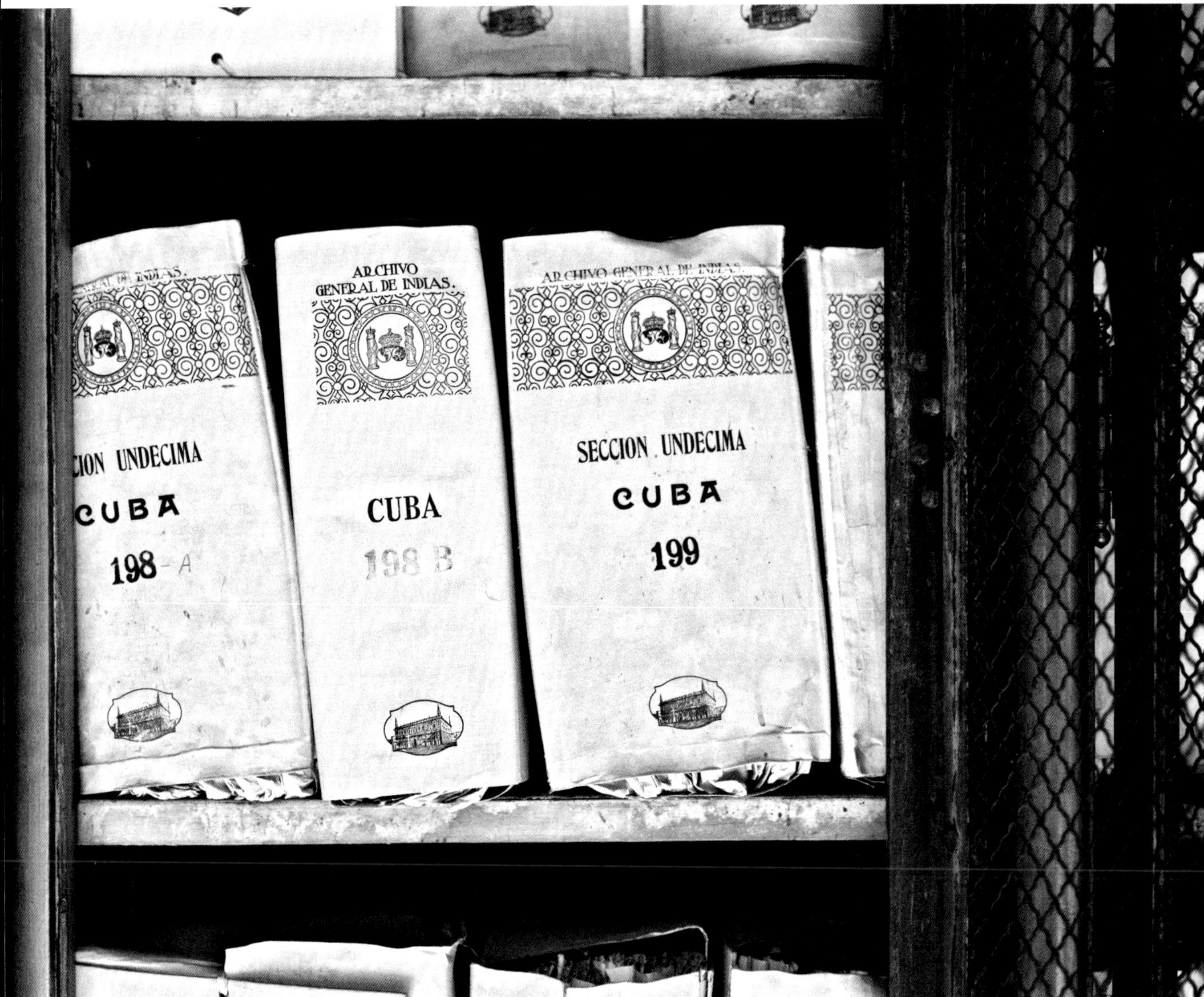
ARCHIVO
GENERAL DE INDIAS.
CUBA
198 B
ARCHIVO GENERAL DE INDIAS.
SECCION UNDECIMA
CUBA
199
CION UNDECIMA
CUBA
198-A

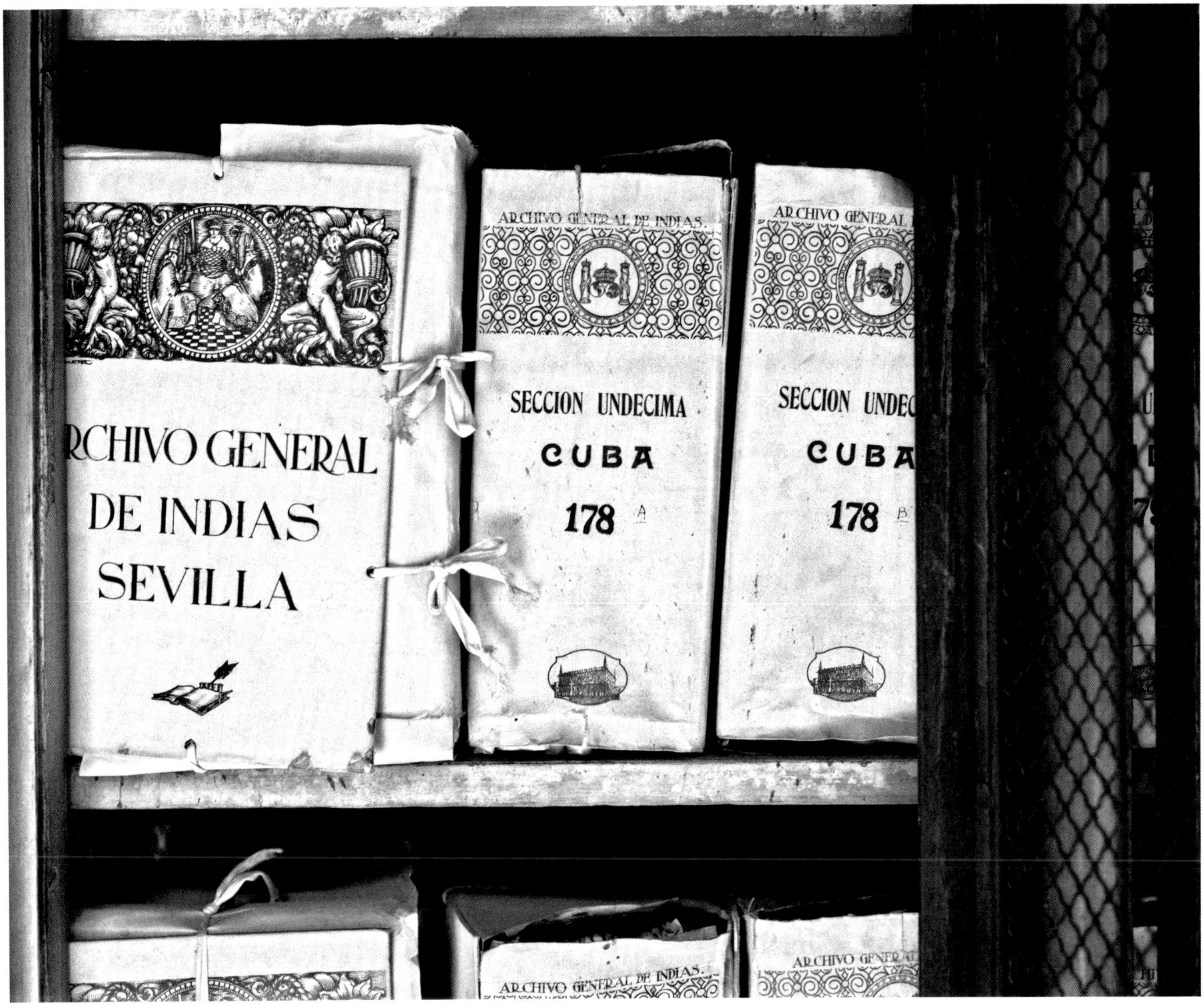
ARCHIVO GENERAL
DE INDIAS
SEVILLA
ARCHIVO GENERAL DE INDIAS.
SECCION UNDECIMA
CUBA
178 A
SECCION UNDEC
CUBA
178 B
ARCHIVO GENERAL DE INDIAS.

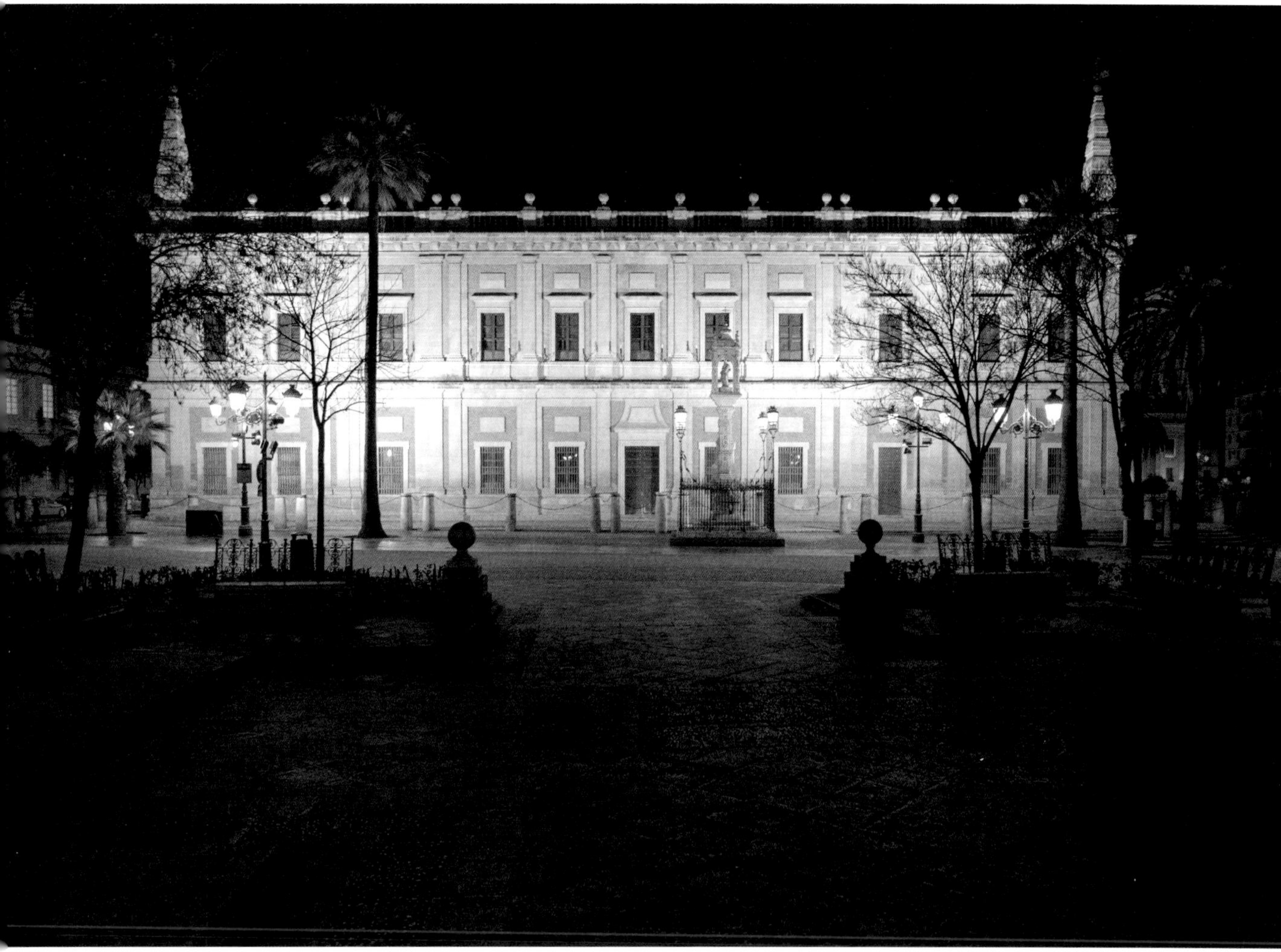

Kulturgeschichte bei Wagenbach

Timothy Brook

Wie China nach Europa kam *Die unerhörte Karte des Mr. Selden*

Wer China heute verstehen will, der muss den Blick zurück an den Beginn seiner Machtentfaltung richten, den Moment, als China mit der modernen Welt in Berührung kam. Diesen tiefgreifenden Wandel bildet eine unglaubliche, erst 2009 wiederentdeckte Karte voller faszinierender Details ab.

Aus dem Englischen von Robin Cackett
Sachbuch. Gebunden mit Schutzumschlag. 240 Seiten mit vielen Abbildungen

Peter Burke

Die Explosion des Wissens *Von der Encyclopédie bis Wikipedia*

Wieso bemühen wir heute, wenn wir etwas wissen wollen, eine Suchmaschine? Warum werden wir zu »Informationsgiganten«, laufen aber Gefahr, zu »Wissenszwergen« zu verkommen? Nur ein Medienhistoriker vom Format Peter Burkes versteht es, den grundlegenden Umbruch unserer Wissens- und Informationsgesellschaft im Ganzen zu überblicken und im Detail zu erklären.

Aus dem Englischen von Matthias Wolf unter Mitarbeit von Sebastian Wohlfeil
Sachbuch. Gebunden mit Schutzumschlag. Großformat. 392 Seiten

Michael Axworthy

Iran *Weltreich des Geistes*

Axworthy führt in großem Bogen und zugleich detailreich durch drei Jahrtausende iranischer Kulturgeschichte. Ein längst fälliger Einblick in eine wenig bekannte Region, eine faszinierende Reise durch dieses unterschätzte Kulturland.

Aus dem Englischen von Gennaro Ghirardelli
Sachbuch. Gebunden mit Schutzumschlag. 352 Seiten

Dieter Richter

Der Vesuv *Geschichte eines Berges*

Eine mitreißend erzählte Kulturgeschichte der Natur und faszinierende Geschichte eines Berges, der seit Jahrhunderten Angst und Schrecken verbreitet und zugleich eine unwiderstehliche Anziehungskraft ausübt – verfasst von einem der besten Kenner des Golfs von Neapel.

WAT 807. Broschiert. 240 Seiten mit vielen Abbildungen

Horst Bredekamp
Aby Warburg, der Indianer *Berliner Erkundungen einer liberalen Ethnologie*
Die Reise des Kunsthistorikers Aby Warburg zu den Pueblo-Indianern von New Mexico und den Hopi in Arizona 1895/96 ist legendär. Horst Bredekamp folgt den Spuren Aby Warburgs von Amerika nach Berlin und entdeckt vollkommen unerforschte Seiten an Warburg – als Wissenschaftler wie auch als Mensch.
Sachbuch. Klappenbroschur. 176 Seiten mit vielen Abbildungen

Anton Tantner
Die ersten Suchmaschinen
Adressbüros, Fragämter, Intelligenz-Comptoirs
Der Historiker Anton Tantner erzählt die Geschichte derer, die nicht zueinander kommen, weil sie nicht voneinander wissen. Und wie dem abgeholfen wurde. Dahinter steht die Frage: Wie war die Gesellschaft vor ein paar hundert Jahren organisiert, und wie ist sie es heute?
Sachbuch. Gebunden mit Schutzumschlag. 176 Seiten

Carlo Ginzburg
Der Käse und die Würmer *Die Welt eines Müllers um 1600*
Ein Schlüsseltext für die moderne Geschichtsschreibung: die Mentalität und das Weltbild eines Müllers zur Zeit der Inquisition. Ginzburg nimmt die Erzählungen des Müllers Menocchio nicht nur ernst, sondern er rekonstruiert mit ihnen eine ganze Vorstellungswelt: die der vermeintlich illiteraten Unterschicht.
Erweiterte Ausgabe mit neuem Vorwort. Aus dem Italienischen von Karl F. Hauber
WAT 819. Broschiert. 240 Seiten

Natalie Zemon Davis
Leo Africanus *Ein Reisender zwischen Orient und Okzident*
Die große Historikerin Natalie Zemon Davis erzählt die exemplarische Lebensgeschichte des Leo Africanus wie einen Abenteuerroman: als Muslim geboren, von Katholiken vertrieben, von Piraten gefangengenommen und vom Papst getauft.
Aus dem Englischen von Gennaro Ghirardelli
Sachbuch. Gebunden mit Schildchen und Prägung. 400 Seiten mit vielen Abbildungen

Böse Bücher *Inkohärente Texte von der Renaissance bis zur Gegenwart*
Gibt es gute und böse Bücher? Böse Bücher stiften an zu politischem Aufruhr oder sogar Mord, zu Zügellosigkeit oder einfach zu einem selbstbewussten Leben. »Gefährlich« können aber auch vermeintlich harmlose Bücher werden: eine neue Sichtung der Literaturgeschichte von De Sades »120 Tagen von Sodom« bis zu Bonsels »Abenteuern der Biene Maja«.
Herausgegeben von Markus Krajewski und Harun Maye
Sachbuch. Klappenbroschur. 256 Seiten

Michel Pastoureau
Blau *Die Geschichte einer Farbe*
Wir leben auf dem blauen Planeten. Als Farbe des Meeres wird es mit Kälte, als politisches Signal mit Neutralität, im Blues mit Melancholie, bei den Jeans mit Lässigkeit assoziiert. Aber was macht Blau zur Lieblingsfarbe der Europäer?
Aus dem Französischen von Antoinette Gittinger
WAT 718. Broschiert. 176 Seiten

Massimo Montanari
Spaghetti al pomodoro *Kurze Geschichte eines Mythos*
Maccheroni, Tagliatelle, Vermicelli … der große Historiker der europäischen Ernährungsgeschichte hat mit Gusto ein kleines Meisterwerk über die Mutter aller italienischen Gerichte verfasst.
Aus dem Italienischen von Victoria Lorini
SVLTO. Rotes Leinen. Fadengeheftet. 144 Seiten

Dreckige Laken *Die Kehrseite der ›Grand Tour‹*
Nächtliche Gesänge in Siena, unerträglicher Lärm in der Hafenstadt Genua, polizeiwidriges Schreien in Mailand, nicht endendes Glockengebimmel in Florenz – wie soll der empfindsame Reisende da seinen Italienaufenthalt genießen?
Herausgegeben von Erik Wegerhoff und Joseph Imorde
WAT 680. Broschiert. 208 Seiten mit Abbildungen

Architektur bei Wagenbach

Stefan Schweizer

Die Hängenden Gärten von Babylon *Vom Weltwunder zur grünen Architektur*

Eine so bewunderte wie verachtete mythische Königin, die Suche nach einem verschwundenen Weltwunder und das Versprechen eines blühenden Gartens inmitten gebauter Architektur: Stefan Schweizer zeichnet die Faszinationsgeschichte der Hängenden Gärten nach – bis zur grünen Architektur der Gegenwart.

Mit einem Beitrag von Frank Maier-Solgk
Sachbuch. Großformat. Klappenbroschur. 240 Seiten mit vielen, z.T. farbigen Abbildungen

Horst Bredekamp

Berlin am Mittelmeer

Kleine Architekturgeschichte der Sehnsucht nach dem Süden

Horst Bredekamp als Stadtführer durch die Mitte Berlins – unversehens ist man in Rom, in Florenz, in Venedig. Der Autor verführt zu einem völlig neuen Blick auf eine Stadt, die man zu kennen glaubte …

Sachbuch. Klappenbroschur. 176 Seiten mit sehr vielen Abbildungen

Taut baut *Geschichten zur Architektur von Max Taut*

Sechs Jahrzehnte Architekturgeschichte vom Expressionismus bis zur Neuen Sachlichkeit umspannt das Werk des Baukünstlers Max Taut. Großformatige Fotos zeigen seine wichtigsten Gebäude, namhafte Autorinnen und Autoren erzählen dazu eine zuweilen persönliche Geschichte.

Sachbuch. Klappenbroschur. Großformat
80 Seiten mit 60 Abbildungen

Vittorio Magnago Lampugnani

Die Stadt von der Neuzeit bis zum 19. Jahrhundert

Urbane Entwürfe in Europa und Nordamerika

Die Aufgabe ist sehr einfach und sehr schwer: Städte zu bauen für Menschen, die darin wohnen. Vittorio Magnago Lampugnani überblickt die verwickelte Geschichte der abendländischen Stadt und erzählt sie anhand ihrer bedeutsamsten Episoden.

Sachbuch. Gebunden mit Schutzumschlag. Großformat
384 Seiten mit ca. 350 größtenteils farbigen Abbildungen

Schöne Bücher zum Verschenken und Selberlesen

Die Kunst des Wartens

Wir alle warten, immer wieder – an der Grenze, auf dem Amt, im Krankenhaus, in der Leitung, auf Weihnachten, auf den Schlaf, auf das erlösende 1:0. Doch wer entscheidet, ob und wie wir warten? Angespannt oder resigniert, geduldig oder zuversichtlich? Schätzen wir Dinge mehr, auf die wir lange gewartet haben? Die Bilder und Texte dieses Buches vermitteln eine Fülle von Ideen und Einblicken.

Herausgegeben von Brigitte Kölle und Claudia Peppel
Sachbuch. Großformat. Klappenbroschur. 168 Seiten mit vielen Abbildungen

Simone Perotti
Atlas der Mittelmeerinseln

Sehnsucht nach der Insel und dem Meer – Simone Perotti erzählt uns das Mittelmeer aus Sicht seiner Inseln, weckt Fernweh und lässt festen Boden unter den Füßen spüren. Eine Entdeckungsreise in unbekanntes Terrain und zu vertrauten Orten zwischen Land und Meer, mit etwas Sand zwischen den Zehen.

Aus dem Italienischen von Julika Brandestini
Sachbuch. Großformat. Halbleinen. 144 Seiten mit vielen Abbildungen

Klaus Wagenbach
Franz Kafka. Bilder aus seinem Leben

Die Neuausgabe der Standard-Bildmonografie von Klaus Wagenbach, der sein in über fünf Jahrzehnten entstandenes riesiges Bildarchiv geöffnet hat. So lernen wir durch neu aufgefundene Fotos nicht nur die Tänzerin Eduardowa, die Schauspielerin Tschissik oder die Salondame Fanta kennen, sondern auch Kafkas Professoren Anton Marty und Hans Gross, seinen Vorgesetzten Dr. Robert Marschner und seine Großmutter Julie.

Veränderte und erweiterte Ausgabe mit vielen neuen Fotografien und Dokumenten
Sachbuch. Leinen. Fadengeheftet. 256 Seiten mit ca. 700 Abbildungen

Umschlaggestaltung unter Verwendung einer Fotografie von Ursula Schulz-Dornburg,
Layout und Satz aus der Charter und der Din: Julie August
Reproduktionen: Christiane Rothe / Druckconcept, Berlin
Gedruckt auf Artic Volume und gebunden bei medialis, Berlin

ISBN 978 3 8031 3697 8